Mme MICHELET

LA TOMBE

DE

MICHELET

« Dans ma carrière d'historien, j'ai toujours donné aux morts trop oubliés l'assistance dont j'aurai moi-même besoin. »

J. MICHELET.

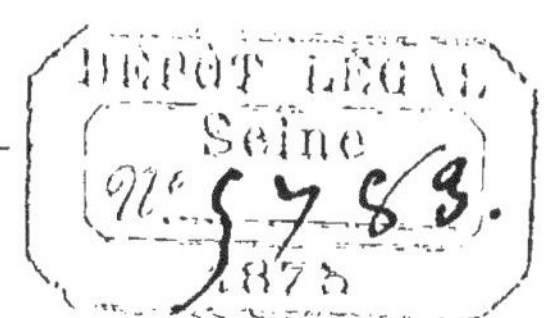

PARIS
IMPRIMERIE SIMON RAÇON ET Cie
1, RUE D'ERFURTH, 1

1875

LA TOMBE

DE

MICHELET

PARIS. — IMP. SIMON RAÇON ET COMP., RUE D'ERFURTH, 1.

POURQUOI J'AI ATTENDU

Le jour même où mon mari était enterré à Hyères contre sa volonté, j'ai voulu protester et réclamer pour lui.

M. Dumesnil ne m'en a pas laissé le temps.

Après avoir confisqué le corps, il a voulu se saisir de la *pensée* du mort, lui prendre ses papiers.

Pour mieux les défendre, je me suis interdit notre domicile de la rue d'Assas.

Cinq longs mois j'ai attendu au seuil sans défaillance.

Comme mon mari, j'avais foi dans le secours de la justice; elle ne nous a point trompés.

Trois jugements successifs ayant confirmé la volonté du testament, je suis restée maîtresse de tout, et j'ai trouvé dans les notes les plus intimes, les preuves nombreuses d'un vœu constant, identique : « être enterré à Paris. »

Le mémoire que je publie aujourd'hui devait paraître en octobre. J'ai dû ajourner une seconde fois pour prendre la défense des ouvrages de mon mari, comme j'avais pris la défense de ses papiers.

M. Dumesnil voulait transmettre à un adjudicataire quelconque, qui pouvait être un ennemi des idées de M. Michelet, les droits de surveillance que me donne le testament. Il réclamait même, pour cet inconnu, la liberté « de pouvoir mettre au pilon telle œuvre « vieillie, etc.[1]. » Pour cela, il m'a fait un procès.

Le tribunal a respecté les volontés du testateur et reconnu le droit de la veuve. Mais c'était trop peu de ne pouvoir veiller que pendant ma vie, car demain peut-être je serai rappelée. J'ai voulu être aussi bien — morte que vivante — la gardienne de celui qui s'est remis à moi. Dieu aidant, j'ai atteint mon but.

Ces luttes sans trêves pour la sauvegarde de l'es-

[1] Plaidoirie du 5 janvier 1875.

prit, ont duré plus d'une année. Je n'ai donc pu venir plus tôt réclamer pour la sépulture et dire :

Ce n'est pas le Gouvernement qui s'oppose au retour de mon mari, puisque j'ai, pour le ramener, l'autorisation administrative datée du 28 février 1874.

Ce n'est pas non plus le tribunal de Toulon, puisque son président, appelé à statuer en référé, n'a ordonné qu'un *dépôt provisoire*, comme on en fait tous les jours dans les cimetières par mesure d'urgence jusqu'à ce que le tombeau définitif soit prêt.

Il n'y a donc qu'une personne qui s'oppose : M. Dumesnil. Dans sa déclaration publique du 5 mars 1874 (lettre au *Rappel*) il a dit : « Que madame Michelet me fasse un procès, qu'elle obtienne des tribunaux l'annulation de la clause testamentaire, qu'elle dégage ainsi la famille de l'obligation. »

Je n'ai point, ou plutôt M. Michelet n'a point de procès à faire à M. Dumesnil. M. Michelet ne relève que de sa volonté, qu'il a affirmée, comme on va le voir, de cent manières, et c'est à sa femme seule qu'il a remis le soin de la faire exécuter.

Je n'ai donc à demander à la justice que son assistance pour ramener le corps de mon mari.

J'irai à elle, non pas avec la prière de la veuve, mais avec ces paroles que M. Michelet lui adressait lui-même un an avant la fin, comme s'il eût prévu sa propre destinée : « Les morts sont, pour dire comme le droit romain, ces *miserabiles personæ* dont le magistrat doit se préoccuper. »

I

LA MORT ET L'ENTERREMENT A HYÈRES

« Rester le plus longtemps possible dans la lumière avant de descendre dans les ténèbres. »
J. MICHELET [1].

§ I.

Le 9 février 1874, à midi, après sept jours d'une agonie patiente et résignée, mon mari rendait le dernier soupir.

Trois jours avant sa mort, il me renouvelait, d'une voix défaillante, le vœu suprême que tant de fois il avait exprimé, et que, dix ans auparavant, il formulait ainsi :

« Quel mot le plus souvent dit le mourant près « d'expirer? De la lumière! encore plus de lumière! »

Ce vœu doit être rempli, obéi. Qu'il serait dur, cruel, dénaturé, pour réponse à ce mot, de lui donner le cachot du sépulcre et l'horreur de la nuit!

[1] Paroles du 7 février 1874, au moment où ses yeux se fermèrent pour toujours.

C'est tout ce qu'il craignait. La mort, pour la plupart, est moins dure que l'exclusion de la lumière.

« Il ne faut pas que les vivants disent hypocritement : « Mais c'est par honneur qu'on l'enfouit, « qu'on le cache dans les ténèbres..... » Oh ! non, non, ceux qui vraiment aiment n'ont pas l'impatience d'un si cruel arrachement. L'amour ne peut croire à la mort. Longtemps, longtemps après, il a toujours des doutes. Il dit toujours : « Si c'était faux[1]. »

Il avait dit encore en acquiesçant à la mort :

« L'air? oui pour la sépulture.

« La terre? oui.

« Le feu? oui.

« La bière? non[2]. »

Qu'eût-il voulu? Les funérailles de l'Orient où l'on « ne cache point l'être aimé, où on ne le bannit « point du jour, où l'on place le mort sur une pierre « élevée, par devant la lumière. »

S'il était impossible de lui donner ces funérailles de l'Orient, ne pouvais-je du moins, comme il l'a fait, garder et veiller celui que je venais de perdre, trois jours et trois nuits, lui épargner le plus longtemps possible la prison du cercueil, qui tant de fois l'avait troublé par l'idée d'étouffement, comme s'il eût prévu d'où lui viendrait la mort, de l'air qui tout à coup a manqué à son cœur.

[1] *Bible de l'humanité*, p. 103.

[2] Papiers intimes.

C'était un devoir pour moi de rester à Hyères pendant qu'on préparerait, à Paris, le lieu de sa sépulture.

Il y fallait du temps, les registres qui affirmaient nos titres de propriété au Père-Lachaise ayant été détruits.

Un avis que je reçus de Paris mit fin à toute hésitation. Mon mari était mort le 9. Le 11, une dépêche m'annonçait qu'on s'était présenté à notre domicile de la rue d'Assas, et que, par ordre de M. Dumesnil, l'ancien gendre de M. Michelet, on y avait apposé les scellés.

Si donc, et la chose était possible, supposable même, j'avais été en route avec le cercueil, mon mari n'eût eu qu'une gare de chemin de fer pour passer ici-bas sa dernière nuit.

Le jour de l'embaumement, ce fut un grand déchirement pour moi de remettre à d'autres mains, si respectueuses qu'elles fussent, ce pauvre corps si frêle que, la veille encore, je tenais dans les miennes, comme une mère y retient son enfant.

De la chambre voisine, où l'on me forçait de rester, je croyais entendre sa voix chérie et son appel incessant, toujours le même, depuis trois ans qu'il était malade : « Es-tu là ? » Malgré moi, j'allais épier, frissonnante.

Heures cruelles! heures poignantes! Et pourtant,

heures douces! comparées à tout ce qui devait suivre.

Le soir de son embaumement, il reposait sur son lit, calme et souriant. Sa bouche à jamais muette restait éloquente. A tous elle disait que la mort est une chose douce.

Et tous sentaient que c'était un juste, et ils joignaient les mains.

Lorsqu'il fallut l'ensevelir, j'éprouvai un triste bonheur à ne pas refermer sur lui la bière, mais à lui prolonger encore un consolant rayon.

Le 12, à midi, par un ciel admirable, nous le conduisions à la villa solitaire qui lui offrait au milieu de ses fleurs un abri d'un moment. — Assise à mi-côte, en face de la mer, la villa Rosa regardait aussi d'en haut, la maison qu'hier encore nous habitions ensemble. La mort, pour nous, restait humaine, elle ne nous séparait pas tout à fait.

Et cependant, quand je rentrai dans mon appartement vide, effrayant de silence, quand d'un regard profond j'envisageai l'avenir, mon cœur se contracta violemment. — Je me sentis seule, à jamais séparée des siens, sans l'avoir mérité. Même notre maison de Paris, si pleine de lui, qui pouvait me le rendre encore, par eux m'était interdite.

Je n'avais pourtant rien fait d'hostile contre la famille. Malgré mes angoisses dans cette longue agonie, je n'avais pas manqué un seul jour d'écrire à nos petites-filles.

Le 8 seulement, je n'en avais pas eu la force. Mon mari se mourait. Sa main droite, la seule qui pût agir encore, tremblante, cherchait toujours la mienne; c'était notre dernier moment.

Le lendemain, il expirait.

Si peu responsable que l'on soit de ses actes à un pareil moment, je suis sûre de n'avoir rien oublié envers la famille.

Tout finissait à midi. A une heure je faisais expédier un télégramme. En même temps, ordre était donné à notre domestique de Paris, de porter les clefs de notre appartement de la rue d'Assas dans les mains de l'un des exécuteurs testamentaires, M. Quicherat. Ainsi, de ce côté, tout était garanti.

Le lendemain, le notaire d'Hyères, après avoir communiqué à nos petits-enfants le dernier vœu de leur grand-père [1], les avertissait que tous les titres de notre fortune étaient déposés à la Banque de France et à la Société générale, que le testament de M. Michelet avait dû être envoyé à Toulon pour être présenté au président du tribunal. Il est resté dans ses mains jusqu'au 16 février.

Enfin, le jour où le cercueil quittait la maison, dans ma détresse, j'écrivais à notre petite-fille Jeanne, et pas à d'autres. Elle a eu les premières lignes que j'aie pu arracher de mon cœur brisé.

[1] M. Dumesnil m'a fait un grief d'avoir obéi à ce vœu. (Voir appendice B.)

A toutes ces lettres, à toutes ces communications aucune réponse; aucun désir d'information sur les circonstances de la mort. Ce silence glacial a duré dix grands jours[1].

Il était naturel, cependant, que M. Dumesnil, apprenant la mort de M. Michelet, vînt tout de suite à Hyères. En représentant en personne ses enfants, en s'occupant lui-même de leurs intérêts qu'il affectait de croire menacés, il eût été dans son rôle et dans son droit. Malgré sa grande expérience des affaires, il lui convint mieux, d'abord, de rester à Paris et de faire agir. On va voir de quelle sorte.

§ II.

Le 20 février, à neuf heures du matin, le juge de paix d'Hyères entrait chez moi et m'annonçait qu'il avait la pénible mission de faire apposer les scellés

[1] Cette conduite, après la mort de mon mari, était d'autant plus inexpliquable, que l'aînée de nos petites-filles m'écrivait la lettre suivante le 7 février, c'est-à-dire, l'avant-veille du décès de son grand-père :

CHÈRE MAMAN MICHELET,

« Votre lettre nous afflige profondément, car le mieux d'hier nous avait un peu remontés. Comme vous, nous espérons beaucoup dans la forte constitution de notre grand-père. Nous attendons avec beaucoup d'impatience celle de demain, car un jour nous semble bien long dans cette cruelle anxiété.

Nous vous embrassons de cœur.

JEANNE DUMESNIL.

dans notre appartement, appartement meublé, où nous n'avions à nous que nos livres de travail, et nos effets personnels.

Quatre hommes attendaient à la porte. Parmi eux, était un agent d'affaires que M. Dumesnil envoyait à sa place. Il le chargeait de requérir cette apposition des scellés sur l'heure, et de lui ramener le corps de mon mari. (Voir appendice B.)

Avec moi, il ne devait avoir aucun ménagement. Je n'en méritais pas. « J'avais tout laissé ignorer à la famille : la maladie, la mort, etc[1]. » Et comme, par une ironie des choses, le portefeuille de l'agent laissait voir mes lettres, celles du notaire, les télégrammes.... Donc, cet inconnu faisait prendre et entasser pêle-mêle dans des tiroirs les papiers de mon mari, même la page inachevée, qui était restée sur sa table et que je n'avais osé toucher, comme s'il eût dû rentrer tout à l'heure pour la finir.

Puis, bientôt, malgré mes prières pour que la malle où je venais d'enfermer ses habits, tièdes encore de sa chaleur, ne fût pas rouverte de sitôt, mais envoyée à Paris *sous les scellés*, il en faisait tirer ces pauvres reliques pour les marquer à leur plus juste prix, et cela dans la chambre même où mon mari était mort.

M. Dumesnil, à Paris, n'ignorait rien. Il se fai-

[1] Je donnerai plus loin les accusations sur la fortune.

sait renseigner jour par jour, heure par heure. Il connaissait, par son mandataire, les dispositions du testament, et il n'était pas content du mort.

Il savait que, si les droits de ses enfants étaient respectés et même protégés, il était, lui, moralement déshérité.

Il savait aussi que la pension *toute personnelle* que mon mari lui faisait, depuis quelques années, ne lui serait pas continuée.

Il apprenait enfin qu'on avait mandé M. Celliez, l'un des exécuteurs testamentaires, pour la levée des scellés.

Cette exclusion dont le frappait le testament, allait donc devenir publique par le retour du mort et de la veuve, par les funérailles qu'il ne conduirait pas? Il devait s'y opposer à tout prix. C'est alors que, s'armant d'une ligne du testament : « Je serai transporté au cimetière le plus voisin, » M. Dumesnil, résolut de faire rester le corps à Hyères.

Pour mieux s'autoriser près de l'autorité locale, il se munit d'une lettre du subrogé-tuteur M. Millet, et il partit secrètement.

A son arrivée à Hyères dans la soirée du 25, il se déroba, mais s'informa de tout plus amplement. Déjà les journaux lui avaient appris que le maire ami, M. Long, qui avait lui-même choisi la villa où reposait mon mari, et prononcé sur son cercueil les paroles d'adieu, avait été remplacé par un maire nouveau.

Il comptait obtenir de celui-ci l'ordre de faire transporter le corps au cimetière.

Aussi, le lendemain matin, avant même d'aller chez le notaire prendre lecture du testament et s'inspirer de son esprit, l'ancien gendre de M. Michelet, que ses actes encore plus que son second mariage nous rendaient étranger, m'écrivait cette lettre impérative :

« Madame,

« Après avoir pris connaissance tardivement et seulement par un mandataire, envoyé à Hyères à l'effet d'avoir communication du testament de M. Michelet ;

« Après avoir pris connaissance de la clause testamentaire : « Je serai transporté, etc. ;

« En ma qualité de tuteur de ma plus jeune fille, mineure, *après avoir pris l'avis de son subrogé-tuteur, M. Millet*, le plus proche parent de M. Michelet :

« Et, d'autre part, me portant fort pour ma fille majeure, dont je remplis la volonté ;

« D'autre part, me portant fort pour mon fils absent, *tous trois seuls héritiers directs* de leur grand-père, M. Michelet ;

« Je viens requérir d'urgence l'exécution de la clause testamentaire, en faisant procéder à l'inhumation immédiate de M. Michelet à Hyères.

« A. Poullain-Dumesnil. »

Je n'ai pas à dire de quel coup me frappa cette sommation. Je l'examine aujourd'hui de sang-froid.

M. Dumesnil a-t-il réellement pu croire un seul instant que la volonté du testateur ait été d'être enterré à Hyères? Quand bien même M. Dumesnil eût oublié le vœu suprême cent fois exprimé par M. Michelet : « être inhumé dans la ville qui était tout pour lui ; » le simple bon sens lui interdisait, au moins, d'admettre que mon mari, en écrivant ces mots : « cimetière le plus voisin » voulût être enterré n'importe où, par exemple sur la route d'un chemin de fer, où le hasard pouvait le faire mourir.

Il n'avait pas même besoin de s'inspirer de l'esprit du testament pour savoir ce qu'il avait voulu dire.

La *dernière date* étant de Paris, du 28 juillet 1872, c'est-à-dire postérieure de cinq mois à la date d'Hyères, « le cimetière le plus voisin, » dans la pensée de mon mari, qui écrivait rue d'Assas, c'était le cimetière Montparnasse.

Tout le monde l'a interprété ainsi. Mais où est la preuve, cependant, que M. Dumesnil n'était pas de bonne foi? Ne dira-t-il pas tout à l'heure dans sa lettre au *Rappel* : « La clause du testament est formelle, et ma conscience me lie »? Où est la preuve qu'il n'a pas uniquement voulu être le scrupuleux exécuteur de ce qu'il croyait être la volonté du mort?

Cette preuve, M. Dumesnil lui-même va nous la fournir.

Si grande que fût ma révolte en recevant cette injonction brutale, j'avais su me contenir et rester digne de celui qui m'avait confié la défense de ses volontés. Je n'avais point vu M. Dumesnil, je ne lui avais point écrit. Je m'étais bornée à lui faire dire que, le testament ayant été *récrit et fermé* à Paris, ce dont il avait pu se convaincre, en lisant le testament, la clause qu'il invoquait ne pouvait légitimement s'appliquer à Hyères.

Cependant M. Celliez provoqua une réunion pour tâcher de le rappeler à des sentiments meilleurs.

La conférence, à laquelle assistaient, avec M. Dumesnil, son notaire M. Patteson, et son agent, M. Debard, ne dura pas moins de trois heures.

M. Dumesnil, voyant venir à lui M. Celliez et jugeant à mon insistance que je ne me résignerais jamais à ne pas voir s'accomplir le vœu de mon mari, se sentit maître de la situation. Dès lors, il changea ses batteries.

La revanche du testament ne serait-elle pas cent fois plus réelle, plus éclatante, si, le corps revenant à Paris, c'était lui qui le ramenait; si les démarches étaient faites et les convocations rédigées par lui, représentant des petits-enfants ; s'il réglait les formalités, s'il conduisait le deuil; si, enfin, il interdisait toute publicité, et se ménageait le droit de parler seul sur la tombe.

Que signifierait alors l'exclusion du testament? que penserait-on du mort, qui éloignait de lui comme « hostile » ce disciple dévoué, ce fils pieux qui rendait d'une manière si touchante les derniers honneurs à son maître et à son père?

M. Dumesnil, à la condition qu'il conduirait les funérailles, consentit sans trop de peine à ne plus tenir compte du sens littéral du testament. Il avait tout ce qu'il voulait, s'il jouait ce beau rôle.

En conséquence, le procès-verbal de la conférence fut, conformément à ses prétentions, rédigé ainsi qu'il suit :

« Madame Michelet tient à transporter le corps de son mari à Paris, sans l'inhumer à Hyères.

« M. Dumesnil tient à ce que le testament soit *littéralement* exécuté par l'inhumation à Hyères; mais il est disposé à accéder au vœu de madame Michelet, aux conditions suivantes :

« Ces conditions seront :

« 1° La demande d'autorisation du transport par le train le plus prochain possible sera adressée à l'autorité au nom de la veuve[1] et des petits-enfants de M. Michelet;

[1] Il avait prétendu d'abord m'exclure et arriver avec le corps seul à Paris.

« 2° L'enterrement, de l'appareil le plus simple, aura lieu à Paris, sur la convocation au nom de la veuve et des petits-enfants, adressée tant par lettre de faire part que par notes aux journaux, dont la rédaction sera arrêtée en commun ;

« 3° Il ne sera fait aucune publicité par les soussignés, à propos de l'enterrement, *ni avant, ni après.* »

Fait en double, etc.

Hyères, 26 février 1874.

Lorsque M. Celliez m'apporta ce procès-verbal à signer, je restai stupéfaite.

Quoi ! il n'était plus fait mention que pour mémoire « de la clause formelle » qui demain « liera » de nouveau « la conscience » de M. Dumesnil ! Après avoir d'abord parlé de si haut, maintenant il subordonnait le retour de mon mari aux satisfactions qu'on accorderait à sa seule personnalité !

N'importe ! j'acquiesçais à tout, je ne retranchais absolument rien à la rédaction de ce procès-verbal. Je demandais seulement à y ajouter un mot. Toute publicité étant interdite *avant* et *après* l'enterrement, elle le serait aussi *pendant*. M. Dumesnil, qui imposait à tous le silence, devait d'autant plus se l'imposer à lui-même, que le mort ne l'avait pas chargé de le représenter et d'interpréter sa pensée sur la tombe ; qu'il l'avait, au contraire, par son testament, déclaré étranger et « hostile ».

Qu'on ajoutât ce mot « pendant, » et j'étais prête à signer le procès-verbal.

Mais alors que devenait le discours que M. Dumesnil tenait tant à prononcer, discours qui eût été beaucoup moins l'éloge du mort que sa propre réhabilitation ?

L'exécuteur testamentaire, M. Celliez, ne put jamais obtenir de lui la promesse, *même verbale*, qu'il ne prendrait pas la parole.

Ce simple mot : « la publicité sera aussi interdite *pendant* l'enterrement, » lui ôtant l'espérance de mettre sa personnalité en relief dans les funérailles, il jeta le masque de la conciliation et de nouveau lança au mort son arrêt :

« Eh bien, M. Michelet restera à Hyères. »

Il fallut aller en référé.

§ III.

Ici, j'ai besoin de tout mon courage pour continuer le récit de cette lugubre histoire.

Le président du tribunal de Toulon n'avait pas qualité pour trancher le fond d'un différend qui doit être jugé au domicile légal du défunt.

Il ne pouvait ordonner, par mesure d'urgence, qu'un simple « *dépôt provisoire.* »

C'était un devoir, pour nous tous, de nous conformer à son ordonnance. A Hyères, comme dans toutes les stations médicales où les étrangers viennent mourir en grand nombre, on a consacré à l'entrée du cimetière une chambre mortuaire où les morts attendent que la famille vienne les réclamer.

C'était là que le cercueil devait être déposé.

Mais de ce jour seulement, la nouvelle autorité municipale s'apercevait que cette chambre mortuaire était en mauvais état. On me fit dire officieusement, pour me décourager, qu'il faudrait d'abord la réparer ; que cela me coûterait beaucoup...

J'offris le double de la dépense qui serait faite. Le corps étant embaumé, rien ne pressait, on avait tout le temps.

Le 28 février, qui était le lendemain de l'ordonnance, M. Celliez alla dès le matin, à ma prière, arrêter les réparations qu'on jugerait nécessaires. Il rençontra M. Dumesnil et son agent qui revenaient déjà du cimetière. M. Dumesnil s'esquiva. Son agent, plus à son aise, dit en ricanant : « Nous venons de lui *faire un trou de quatre-vingts centimètres.* »

Ce même jour, à onze heures, M. Celliez recevait de M. Dumesnil une lettre ironiquement onctueuse. Par cette lettre, qui faisait appel à la concorde, il le chargeait de m'informer en même temps que l'enterrement allait avoir lieu, que, pour satisfaire aux convenances, je devais y assister (voir appendice G).

A midi, changeant de ton, M. Dumesnil me sommait par assignation de lui livrer dans une heure le corps de mon mari. — L'huissier chargé de me ire cet ordre, comme on lit au condamné son arrêt de mort, pâle, défait, se soutenant à peine, balbutiant, ne pouvait trouver les mots. Il me fallut le rassurer, lui dire que je ne le rendais pas responsable de la formalité qu'il venait remplir.

A ce même moment, je recevais l'autorisation du gouvernement de ramener le corps. Ce que prétendait faire M. Dumesnil n'était donc pas possible. M. Celliez partit pour s'opposer à son dessein, et je demeurai seule.

Le temps était lugubre. Comme il arrive dans ces climats extrêmes, — la pluie tombait en déluge, — la terre disparaissait sous l'eau.

Malgré l'heure peu avancée, le ciel sombre et bas ne donnait qu'un jour morne. Personne dans les rues, toutes les portes fermées. On eût dit que la nature avait pitié, qu'elle s'associait à mon deuil, à mes protestations.

Une, deux, trois heures passèrent. Je tenais dans mes mains fiévreuses les clefs de la villa et je croyais à chaque rafale du vent qui ébranlait la porte, voir paraître l'autorité pour me les réclamer.

Il était quatre heures. Le jour tombait. Notre notaire entra. « Que savez-vous, lui dis-je? Que devient l'opposition de M. Celliez? Quelle lenteur dans leurs délibérations! »

Il me regarda fixement, comprit que je ne savais rien, se troubla. — Qu'est-ce?... Qu'ont-ils fait?... — Les trois portes de la villa ont été forcées, votre mari est depuis une heure dans une fosse.

Je n'eus ni un cri, ni une parole, et je n'en suis pas morte. Mais depuis, je n'ai plus pu revivre!...

§ IV.

Si affreux que fût pour moi le récit de cet enlèvement, je voulus tout savoir; je suppliais même, ceux qui hésitaient cherchaient à se taire.

Telle fut la fin :

A trois heures, les porteurs, lassés d'attendre dans la rue devant la demeure du commissaire des pompes funèbres, se dispersaient, quand soudain l'agent d'affaires de M. Dumesnil les rallie avec emportement, les entraîne à la villa. On y arrive avec le commissaire de police, l'huissier et le serrurier. M. Dumesnil, qui suivait aussi, prenant l'attitude d'un homme qui accomplit un acte pieux, voulut entrer dans la villa, y donner des ordres. « Arrêtez, monsieur, lui dit impérieusement le commissaire;

restez dans la rue, vous voyez bien que je fais ici une exécution. »

La tempête continuait à souffler. Quand le serrurier eut enfoncé la grille extérieure et la porte d'entrée de la villa, le vent fit irruption en maître, et avec fracas ouvrit la porte de la chambre du rez-de-chaussée où se trouvait le cercueil. Là, dans l'ombre, il attendait, si noble, si grand dans le silence, que tous reculèrent. Personne n'osait y toucher. Il fallut que le commissaire ralliât ses hommes.

La pitié était au cœur de tous. Les femmes, qu'attirait à la fenêtre le pas saccadé des porteurs dans la rue déserte, se rejetaient en arrière. Quoi de plus lugubre, en effet, que cette bière emportée précipitamment dans la rafale au cimetière, et, pour tout convoi, quatre hommes, M. Dumesnil, l'agent, le commissaire et l'huissier.

L'exécuteur testamentaire n'avait pu rien empêcher. Le maire et le sous-préfet, de passage à Hyères, sollicités par M. Dumesnil, avaient déjà permis qu'il allât prendre le corps.

M. Celliez attendait devant la chambre réservée aux morts, pour exiger, au moins, que l'ordonnance du Président du tribunal de Toulon reçût son exécution ; que le corps, au lieu d'être mis dans la terre, y fût *déposé dans cette chambre provisoirement.*

Tout fut inutile. M. Dumesnil, n'ayant devant lui qu'un cercueil, ne tint aucun compte de cette juste protestation.

Mais, pour empêcher qu'un procès-verbal ne fût dressé de la violation de l'ordonnance de référé, tandis qu'il enterrait le mort, son agent renvoyait l'huissier qui était venu jusqu'à l'entrée du cimetière; il le faisait grimper sur un omnibus et simuler un départ pour Toulon. Une demi-heure après, on le voyait rentrer tranquillement chez lui.

De son côté, le commissaire de police, chargé de représenter l'autorité locale, avait refusé de prendre part à l'inhumation et s'était déjà retiré.

Le nouveau maire, M. de Gaillard, ne voulant pas assumer dans l'avenir la responsabilité de cet enterrement définitif, lui avait donné ordre de quitter le cercueil dès la porte du cimetière.

Que cette responsabilité retombe donc tout entière sur M. Dumesnil !

Il y avait de l'eau au fond de la fosse; la terre dont on allait recouvrir la bière n'était plus que de la boue. Le pharmacien qui avait fait l'embaumement, M. Pécout, était là aussi pour protester, déclarer que le cercueil et le corps seraient ainsi bientôt détruits. M. Dumesnil affecta d'abord de partager cette sollicitude ; puis, tout à coup, il s'impatienta des retards, pressa les fossoyeurs : « Couvrez!... couvrez!... » Ceux-ci eurent pitié et cherchèrent quelques moyens de protéger le cercueil [1].

Le lendemain, quand j'allai au cimetière, on m'apprit que la fosse, je ne puis dire la tombe, avait été achetée, *non pas à temps*, ce qui eût été un semblant de respect pour l'ordonnance rendue par le tribunal, mais à *perpétuité*.

[1] Je donne aux appendices l'ordonnance par laquelle le Président a condamné cet enterrement barbare. Son ordonnance rendue le 2 mars 1874 exige que le cercueil soit exhumé pour recevoir une double enveloppe. — On verra quel compte M. Dumesnil a tenu de cette ordonnance.

II

POURQUOI M. DUMESNIL N'AVAIT AUCUN DROIT D'INTERVENIR DANS LA QUESTION DE LA SÉPULTURE

§ I.

En lisant ce qui précède, on se sera demandé certainement ce qui pouvait mériter à mon mari, de la part de son ancien gendre, de telles représailles?

Une seule chose : il l'avait trop aimé.

A la fin de 1841, M. Michelet recevait la visite d'une dame de province qu'il ne connaissait pas. Elle venait lui demander conseil et protection pour son fils qui « s'avançait en jeune homme timide et rêveur. » Je m'aide dans ce récit du journal et des lettres de mon mari.

La mère et le fils renouvelèrent leurs visites. La mère était « profondément atteinte et dans la gêne. »

Mon mari sentit ce qu'il y avait de pénible pour une femme malade d'être seule dans un hôtel. — « Je fus pris par la compassion. » Il lui offrit les soins de sa fille, et la portion de son appartement qu'il n'habitait pas.

Quelques mois après, il montait au Père-Lachaise, et achetait pour celle qui, hier encore, lui était inconnue, la terre, qu'enfant, il n'avait pu acheter à sa mère.

La morte s'appelait madame Dumesnil.

Un an plus tard, en 1843, son fils devenait le gendre de M. Michelet et prenait comme dot de sa femme toute la petite fortune que son beau-père possédait alors. (Voir le premier et le troisième testaments.)

En 1848, lorsque les électeurs des Ardennes offrirent à mon mari la députation à l'Assemblée constituante, avec sa modestie habituelle, il se récusa. « Il n'était point fait, » leur disait-il, « pour « les luttes politiques. » Mais en échange il leur présenta M. Dumesnil qui accepta avec empressement. On se souvient encore de la proclamation enthousiaste par laquelle mon mari le recommandait à sa place. Dans ce pressant appel adressé à ses électeurs, M. Michelet s'efface pour offrir mieux que lui : « Il « s'est donné à moi, je le donne à la France, etc. »

L'affection de mon mari pour son gendre était si profonde que rien ne pouvait l'affaiblir, pas même un second mariage.

Les lettres qu'il lui écrivait au moment où il sentait que sa destinée allait se lier à la mienne, sont des plus touchantes. Elles expliquent que l'isolement a tout fait ; elles demandent « une dernière « place au soleil en ce monde, » mais sans rien retrancher du passé. « Si vous voulez de moi, je suis « toujours à vous, prenez-moi tout entier. » Et plus loin : « Que vous demandai-je maintenant, moi qui « ai demandé si peu pour moi en ce monde? Je « vous demande d'être juste et de trouver bien « que je remplisse le vide dans lequel vos préoccu- « pations diverses me laissent depuis longtemps. Je « vous demande de m'aimer et de le prouver... Les « dispositions nouvelles de ma vie sont prises, non « sur vous, à vos dépens, mais sur la place que « vous laissiez vide. Soyez indulgent pour celui qui « fit *tout* pour vous. »

Matériellement, notre mariage n'avait porté aucun préjudice à la famille. Mon désintéressement était absolu. Il y avait entre nous exclusion de communauté. Notre contrat de mariage d'une forme bizarre, inusitée, unique en son genre, constitue à mon égard une injustice légale. Tout au profit des enfants, rien au mien, et je n'avais pas réclamé. Au moment de notre mariage, tous les proches parents de M. Michelet vivaient de son travail, il servait à sa fille une très-grosse pension. — Loin de chercher à restreindre une générosité sans rapport avec nos moyens, du premier jour je m'y associai pleinement.

Les relations d'amitié entre M. Michelet et son gendre restèrent des plus intimes[1]. Ils se voyaient tous les jours en tête à tête. Je n'ai jamais rien fait pour empêcher ces entrevues.

La mauvaise fortune, qui vint vite pour nous, ne modifia pas les dispositions généreuses de mon mari à l'égard des siens. En 1852, quand nous *manquions du nécessaire*, — M. Michelet avait perdu ses places, la vente de ses livres d'enseignement, et il était malade, — le ménage Dumesnil, en sus de sa pension, demanda de l'argent, et mon mari, qui avait beaucoup prêté depuis notre mariage, prêta encore, en aliénant une portion du capital dont il avait déjà donné la rente.

Mais ce n'était pas seulement avec de l'argent que

[1] M. Dumesnil donnera lui-même les preuves de cet attachement profond, inaltérable, de la part de mon mari, quand il se décidera à publier les nombreuses lettres qu'il en a reçues.

On verra à quelle *date* s'arrête cette correspondance; on la comparera aux événements de famille que je raconte, et tout s'expliquera comme mon mari le voulait : « en pleine lumière. »

s'affirmait son bon vouloir. — La fille de M. Michelet, madame Dumesnil, mourut en 1855. — En 1856, date de l'*Oiseau*, mon mari prit en mains l'éducation de son petit-fils. (Pour plus de détails, voir les deux testaments.)

Notre maison, si fermée à tous, pour M. Dumesnil fut toujours ouverte. Tant qu'il l'a voulu, il y est venu à son gré, à ses heures ; il s'invitait lui-même. Ses filles faisaient chez nous des séjours, elles semblaient heureuses de vivre avec leur *maman* Michelet.

C'est là, cependant, ce que M. Dumesnil appelle de « l'*hostilité* » à son égard, à l'égard de ses enfants. — Pour m'aliéner l'esprit des juges, il a fait dire dans sa plaidoirie du 5 janvier 1875 : « Qu'avec des apparences bienveillantes, j'avais constamment éloigné la famille. »

§ II.

Je continue. M. Dumesnil, qui n'avait aucune profession, se retira, en 1859, dans sa propriété de Vascœuil avec ses filles.

Comme elles n'avaient plus leur mère, mon mari insista pour qu'une personne sûre, d'âge mûr, fût mise auprès d'elles, pour les surveiller pendant les absences de leur père et leur donner une éducation bien complète.

Il était décidé à prendre à sa charge cette nouvelle dépense.

En 1862, pendant un séjour que les enfants faisaient chez nous, M. Dumesnil se rendit aux désirs de son beau-père, mais imparfaitement, en prenant pour élever ses filles et diriger sa maison une institutrice de vingt et un ans qu'il épousa dix ans plus tard.

Dès la fin de 1863, nous eûmes à constater un changement progressif singulier. M. Dumesnil devenait visiblement moins maître de lui qu'il ne l'avait été jusque-là.

Mais, faisant pour nos petits-enfants, tout ce qui était possible (on le verra par le testament de mon mari), et les sachant hors de cause dans ce refroidissement inexplicable, nous n'avions pas à nous en préoccuper.

Nous n'étions surtout nullement préparés à voir M. Dumesnil s'ingérer dans nos affaires intimes, nous demander des comptes sur l'emploi d'une fortune que notre travail commençait à peine.

Grande fut donc notre surprise, lorsqu'en 1864, au moment même où nous venions de lui donner, à la campagne, une large hospitalité ainsi qu'à ses enfants, nous recevions de lui une lettre qui, sous forme détournée, donnait à mon mari de lugubres avertissements, l'obligeait de penser à sa mort et de régler ses affaires d'intérêts.

Nous mettions notre petit-fils à l'École centrale, nous servions à nos petites filles une pension de 2,700 francs, et cette lettre parlait comme si nous ne faisions rien.

« Cher monsieur,

« Je viens de régler mes affaires intimes (*car la mort peut arriver au moment le plus imprévu*), par prévision de père de famille. Il me reste quelques points essentiels que j'aurais voulu traiter *confidentiellement* avec vous à Saint-Valery. L'occasion ne s'étant pas présentée, permettez-moi de vous écrire :

« 1° Que ferez-vous pour la conscription d'Étienne? Il nous importe de connaître vos intentions avant qu'il se prépare à l'École centrale? Devons-nous compter sur un remplaçant?

« 2° Je vous demande de donner à Étienne Vascœuil. Il tient à cette propriété comme j'y ai tenu moi-même. Vous permettrez ainsi que ce bien reste dans la famille.

« 3° La question que nous avons agitée pour Étienne se présente pour mes filles. Faut-il les élever pour être indépendantes, ou faut-il leur donner un état? etc. »

A toutes ces questions irritantes posées à un grand-père qui travaillait pour ses petits-enfants et pour celui même qui eût dû être leur nourricier, mon mari fit une réponse admirable de patience et de générosité.

Non-seulement il promettait de payer l'exonération de son petit-fils, de le tenir aux écoles, ce qu'il a fait pendant dix ans, mais il donnait la propriété de Vascœuil, sans exiger le remboursement des sommes qu'il avait prêtées.

Quant à l'avenir, il le lui montrait si pleinement garanti dans ses mains, que la sollicitude paternelle la plus exigeante devait se tenir pour satisfaite.

M. Dumesnil ne le fut pas. Dans une de ses visites, il revint à la charge et demanda à mon mari de se dépouiller de son vivant, « de donner à ses petites-filles, » qui, disait-il, n'avaient pas l'honneur de porter son nom, son *Histoire de France* en vingt volumes *pour dot.* »

« Je ne suppose pas, avait répondu finement mon mari, que vous attachiez mon livre à leurs épaules pour affirmer la façon dont je les aurais dotées. »

Les choses semblaient devoir en rester là, lorsqu'en janvier 1865, un mois après cette conversation, mon mari fut mandé au Comptoir d'escompte, pour recevoir d'un employé, M. Lefèvre, une lettre de M. Dumesnil ; — lettre qui perdait son caractère confidentiel puisqu'il l'avait donnée à cet employé tout *ouverte.*

La voici, telle que M. Dumesnil l'a écrite. Les mots soulignés l'ont été à l'encre rouge par mon mari.

« Cher monsieur,

« M. Lefèvre veut bien s'occuper de l'affaire de Vascœuil. Elle n'est que simple et ne souffrira, je l'espère, aucune difficulté.

« En vous demandant l'autre jour, de constituer pour dot à nos filles l'*Histoire de France*, j'avais surtout en vue l'honneur qui leur reviendrait de votre gloire. Mais vous m'avez demandé du temps pour y réfléchir, et je n'insiste pas aujourd'hui si je puis vous déclarer le but que j'avais en vous faisant cette demande.

« Je suis sérieusement inquiet de l'avenir de nos enfants, si, comme j'ai tout lieu de le supposer, votre fortune presque entière est placée en obligations de chemin de fer ou autres valeurs au porteur, titres si facilement *perdus ou soustraits*. De plus, il a été question d'une vente de l'*Histoire de France*. Or je n'ai pas besoin de vous dire que, si votre propriété littéraire se réalisait en valeurs mobilières, nos enfants pourraient être *dépouillés complètement à votre insu et contrairement à vos intentions et à votre tendresse*.

« Un point d'ailleurs n'échapperait pas à votre attention, c'est la difficulté dans laquelle un acte de vente me placerait comme tuteur, à raison du droit de copropriété que nos enfants ont du chef de leur grand'mère sur les trois premiers volumes de l'*Histoire de France* et sur les autres ouvrages publiés antérieurement à 1839.

« J'ai toujours eu une *telle sollicitude* de votre bonheur personnel que dans nos conversations j'ai toujours contenu *mon cœur prêt à s'échapper* et je n'ai prononcé aucune parole relative à des questions d'intérêt pour ne pas vous troubler dans votre pensée et dans votre travail.

« Voilà pourquoi je ne formule qu'aujourd'hui ces *appréhensions éveillées en moi depuis longtemps*. Mais je dois songer à mon autre devoir envers vos enfants, et, afin de ne rien compromettre de cet intérêt sacré, j'ai dû consulter des amis sur les obligations qui m'incombent comme tuteur.

« Éclairé par eux et avec un sentiment profond de respect et d'affection pour vous, je trouve dans ma *conscience* le devoir de ne plus hésiter à vous avertir.

« Poullain-Dumesnil. »

Je n'apprécierai pas cette lettre, et je ne la qualifierai pas non plus ; je me bornerai à donner la réponse que lui fit mon mari :

« La grande préoccupation du travail rend excessivement pacifique. On laisse aller et dire. Puis, peu à peu, les gens en profitent, avancent sur vous, chez vous, jusqu'au jour où il faut bien s'éveiller, tout à coup, arrêter les empiétements.

« J'avais été blessé de votre attitude bizarre, hostile, à Saint-Valery où l'on vous recevait si bien. Et je n'en ai rien dit. J'ai été blessé, étonné de ces lugubres avertissements donnés de minute en minute, de cette pensée de mort et d'héritage qui vous revient sans cesse, et de ces peurs désobligeantes lorsque je donne tant de gages rassurants. Il est évident qu'on trouve le temps long, qu'on presse, qu'on vous pousse avec la précipitation la plus maladroite, et contre vos intérêts.

« Comprenez donc qu'une telle inquisition est de nature à éloigner, séparer radicalement. — Quand même j'aurais le malheur de devenir veuf, qu'aurais-je à faire sinon de bien fermer ma porte et de rester maître chez moi?

« Le prétexte, ce sont nos enfants, chers enfants, pauvres enfants, que deviendront-ils?... Et cela au moment où, presque malgré vous[1], nous avons vivement insisté pour qu'Étienne continuât ici ses études pendant quatre ans, ce qui devait nous faire *douze*

[1] M. Dumesnil eût préféré faire partir son fils pour l'Angleterre avec l'emploi de contre-maître.

ou quinze mille francs de dépense, outre la surveillance, les soins, etc.

« Mais vos titres sont mobiliers... et, si on les vo-
« lait! Que deviendraient nos enfants? » Mais qu'en savez-vous? Qui vous a dit cela? Cette enquête faite de mon vivant et sur le libre fruit de mon travail, que j'aurais pu manger, que j'ai gardé pour vous, est vraiment trop curieuse, de curiosité déplaisante.

« L'observation, du reste, est puérile. Les titres mobiliers, s'ils sont nominatifs, ne peuvent pas plus se voler qu'une terre ou une maison.

« Pour les vives imaginations, ce mot *mobiliers* est terrible, on croit que tout va s'envoler. En décembre, on s'est retourné vers ce qui ne s'envole pas, la *propriété littéraire :*

« Le sens très-délicat que j'ai de ma liberté m'a fait désirer de rester maître de mon œuvre. Cela, en grande partie, a fait ma force et la fait encore.

« Or, voici qu'en décembre vous venez me faire la proposition singulière de constituer légalement mon *Histoire de France* comme propriété de vos enfants, c'est-à-dire *sous votre tutelle*, — de me lier, de m'interdire moi-même dans l'exploitation de la grande œuvre de ma vie.

« La forme ne fut pas moins singulière que le fonds. Ce livre, disiez-vous, est le moindre de tous, celui qui a le moins rapporté. Tout le monde sait que c'est celui qui n'a pas rapporté encore et dont la jouissance sera la plus fructueuse. Vous me croyez donc, en disant cela, bien bonhomme, bien peu clairvoyant.

« La seule proposition d'un tel abandon, si contraire à toute ma vie, m'a fait sentir profondément combien vous m'avez oublié, combien vous êtes devenu étranger.

« Je pensai toutefois que c'était peut-être une idée de passage, comme il vous en vient quelquefois. A cette proposition si peu sérieuse, je répondis peu sérieusement : j'y songerai.

« Cette placidité a fort encouragé. L'esprit a fermenté, comme il arrive dans la solitude. Maintes lettres ont été, j'en suis sûr, minutées, projetées, déchirées. Et de proche en proche, on est arrivé à la lettre du 15, si violente sous forme onctueuse.

« On se plaint, on accuse (quoi? et qui?) ; on veut protéger les enfants (contre qui?) ; lettre éminemment maladroite, mais qui répond peut-être au calcul de certaines gens qui aiment mieux la rupture avec les personnes, non avec la fortune, qui reviendra de manière ou d'autre[1].

« Tout sort de mon travail. Qu'avais-je en 1849 et même en 1856? Soixante mille francs dont vous tou-

[1] M. Dumesnil savait très-positivement que notre contrat de mariage le garantissait.

chiez la rente. Si, depuis, nous avons pu amasser quelque chose, il est odieux et bizarre que cela tourne contre nous, qu'on fasse déjà une enquête sur le fruit de ces économies volontaires, — plus odieux encore qu'on exprime sous forme oblique des soupçons injurieux, qu'on cherche à me mettre en défiance contre celle dont la bonne administration (et même le travail direct) ont aidé à créer cela.

« Cependant, je le vois, nos amis un à un sont travaillés. Ce mot *protection des enfants* ne peut que faire impression.

« C'est surtout en restant mon maître, et le maître de mon bien, que je serai à même de leur donner, quand il le faudra, une protection efficace, non en inféodant ce bien aujourd'hui à votre tutelle, demain à quelqu'un qui viendra alléché par la proie, à je ne sais quel gendre inconnu.

« Je vivrai peut-être encore dans quatre ou cinq ans, et je serai peut-être alors aussi utile à Jeanne que je l'ai été, cette année, à Étienne. Je veux voir, d'ici là, comment tout va se démêler.

« J. Michelet. »

A partir de ce moment, mon mari ne revit plus ses petites-filles ; elles lui furent retirées.

En 1868, son cœur lui échappe. Il veut non-seulement les revoir, mais il veut les ravoir. Il écrit à un ami commun de Rouen :

« J'y tiens par un lien bien fort, je l'ai prouvé ;
« relativement à mon petit avoir, j'ai fait beaucoup
« et je continue.

« On n'amène mes enfants à Paris que quand je
« suis *absent*, moi leur père, de qui ils doivent at-
« tendre leur avenir.

« J'apprends que Jeanne, qui a dix-huit ans, est
« venue à Paris sans son institutrice ; que son père,
« qui est venu avec elle, est reparti, l'a laissée seule
« avec des dames ; qu'on la promène aux cours, etc.

« Cela ne me va point, cela me trouble et m'in-
« quiète.

« Si l'on agissait dans son intérêt, voici ce qu'on
« ferait à cet âge. On la placerait, au moins quel-
« ques mois par an, dans son cadre naturel, dans la
« maison de son grand-père, qui est un centre aimé
« et honoré. C'est une guerre que l'on me fait sur
« ce terrain sensible.

« Ramenez mon gendre à des idées raisonnables[1]. »

M. Dumesnil, n'osant tout à fait dire non, et désireux de provoquer un refus, mit au retour de

[1] Mon mari qui augurait fort tristement des dispositions de son gendre à son égard, dans l'avenir, avait gardé copie de ses lettres ; il

ses filles chez leur aïeul des conditions offensantes.

Il voulait, sans s'excuser du passé, rentrer chez son beau-père, conduire lui-même ses filles, assister à leur visite, lui qui les abandonnait si facilement à des étrangers[1].

Non-seulement M. Michelet ne revit pas ses petites-filles, mais il ne put obtenir qu'on modifiât un genre d'éducation, qui n'est pas d'usage en France. Malgré ses réclamations trop légitimes, ses prières pour que cela ne se fît pas, M. Dumesnil séparait encore sa fille aînée de son institutrice, et l'envoyait, seule, passer six mois en Angleterre.

Mon mari est mort en février. L'aînée de nos petites-filles, dans ce même mois, devait se marier[2]. Le grand-père, qui allait donner la dot et toute la fortune à venir, est mort sans qu'on lui ait fait la politesse d'une communication régulière.

me les avait remises ainsi qu'à ses exécuteurs testamentaires, pour les faire servir à sa défense.

Après ce qui s'est passé, mon devoir m'oblige à les publier.

Ces lettres constatent hautement que ce n'est pas M. Michelet, mais M. Dumesnil qui a voulu et provoqué la rupture ;

Elles témoignent de la sollicitude constante et profonde du grand-père pour ses petits-enfants ;

Elles prouvent que c'est M. Dumesnil qui a cru utile pour lui de les éloigner pour un temps de notre maison ;

Elles révèlent déjà, de quelles « *personnes hostiles*, » mon mari devra se garder dans son testament.

[1] La lettre qu'il écrivit à cette occasion le dit expressément.

[2] Lettre de M. Eugène Noël.

La lettre que j'ai provoquée, à son insu, de la part de la famille, pour qu'elle colorât de quelque prétexte spécieux ce manque d'égards contre nature, ne l'a pas trompé. Sa vie a fini sur cette dernière amertume ; il l'a emportée au tombeau.

III

LES TESTAMENTS

§ I.

Tous ces faits douloureux, j'ai été obligée de les rappeler, pour expliquer d'avance le testament de mon mari.

Venons à ce testament ou plutôt à ces testaments, car mon mari en a fait successivement trois différents de forme, identiques d'intention. Ils s'appuient et s'éclairent réciproquement. C'est là que nous devons chercher : 1° quelle a été sa pensée, sa volonté, notamment sur la sépulture ; 2° à qui il se fiait, et de qui il se défiait pour l'interprétation de sa pensée et l'exécution de sa volonté.

Après ce qui précède, je n'ai pas besoin de dire quelle fut l'occasion du premier testament, daté de

1865. Nous étions alors dans la quinzième année de notre mariage. Jusque-là, mon mari s'était tellement fié à son gendre qu'il n'avait pris aucune précaution.

Je donne plus loin ce testament qui avait été déposé dans une étude de Paris. On y verra avec quelle générosité la part de tous est faite, même celle du gendre, malgré ses fautes. Pour lui-même mon mari ne réserve rien. Son cœur seul garde une exigence. Sur quoi? Précisément sur la question de la sépulture. Il demande la paix du dernier sommeil près de ceux qu'il a aimés : « Je veux l'enterrement du pauvre, *mais la sépulture près des miens.* » (Voir Appendice E.)

Le second testament fut écrit à Hyères, le 1er février 1872. Nous arrivions d'Italie, où mon mari, sous le coup de nos désastres, avait été deux fois foudroyé. Il sentait s'approcher le terme de son existence, et l'avenir de ses petites-filles, en particulier, le préoccupait toujours davantage.

J'emprunte aux lettres qu'il écrivit, à cette époque, à M. Thouron, notaire à Toulon, quelques extraits qui témoignent de cette sollicitude inquiète.

« Cher monsieur,

« Mon gendre vient de se remarier en pleine tem-
« pête, et de donner le peu qu'il a à sa nouvelle
« femme[1].

[1] Voir appendice, G.

« Je dois prendre des précautions pour mes *trois* « *petits-enfants*, dont il n'a pas assez sauvegardé les « intérêts. Je serai heureux de vous consulter.

« J. MICHELET. »

Hyères, 26 novembre 1871.

Seconde lettre,

« Voici la minute du testament, augmenté :

« 1° De la note excellente que vous m'avez con- « seillée dans l'intérêt de mes enfants.

« 2° D'un article relatif aux notes que je pourrai « laisser.

« Ne pourrait-on ajouter *deux* articles?

« Pour que mes petites-filles soient mariées sous « le *régime dotal*.

« Et un autre, pour dispenser ma femme de la « formalité si incommode et désagréable des *scel-* « *lés*. »

J. MICHELET.

Hyères, 7 janvier 1872.

Le gendre de mon mari venait, en effet, de se remarier avec l'institutrice de ses filles, qui était depuis dix ans dans sa maison. Il lui assurait par contrat de mariage, en toute propriété ou en jouissance, tout ce qu'il posséderait à sa mort; de plus, par convention spéciale il l'autorisait à prendre contre lui inscription sur la propriété de Vascœuil qu'il avait si instamment redemandée à son beau-père pour la laisser à son fils.

Les lettres adressées à M. Thouron sont précieuses, en ce qu'elles disent expressément dans quelle mesure le second testament a été augmenté.

Rien ne fut changé aux dispositions prises en 1865 pour la sépulture.

Mon mari, en faisant ce testament, pensait si peu mourir à Hyères, qu'il écrivait cette phrase au moment même où nous quittions le Midi pour retourner à Paris :

« Voici le testament, complété selon vos instructions. Je vous prie de le cacheter d'une manière plus solide.

« Si vous aviez été plus près de ma résidence ordinaire où je mourrai peut-être, je vous aurais prié d'être mon exécuteur testamentaire[1]. »

J. MICHELET.

Hyères, 22 avril 1872.

Le 1er mai de cette même année, après deux ans d'absence, nous rentrions dans notre domicile de la rue d'Assas.

Quoi qu'on eût fait pour rendre à notre apparte-

[1] Mon mari m'avait fait garder copie de ces lettres dont les originaux sont dans l'étude de M. Thouron.

ment son air habituel, il ne nous accueillait plus de la même manière, en ami qui vous attend, vous fait fête. Plus de fleurs, plus d'oiseaux. Le silence était le seul hôte qui restât après la guerre et l'incendie.

Ce qui affecta mon mari plus encore que ce deuil, dans son état de santé — la mort ne lui accordait plus qu'un sursis— ce fut de voir un matin, pendant qu'il déjeunait, ses petites-filles entrer à l'improviste. On nous les envoyait comme de la veille, sans leur avoir mis dans la bouche une parole de regret pour ces *huit années* de séparation.

Comment M. Dumesnil n'avait-il pas songé à préparer ce retour tardif, en nous prévenant par son fils, ou en écrivant, et demandant lui-même l'oubli du passé ? Il n'ignorait pas à quel danger cette brusque surprise exposait un malade âgé et d'une telle sensibilité nerveuse.

Mon mari n'eut qu'un mot pour qualifier ce procédé brutal : « Voilà qui me fait sentir durement « que ma fin est proche. Mais puisqu'on m'avertit « encore, j'y saurai pourvoir. »

Le 2 juillet, il écrivait à M. Thouron :

« La loi récente qui adjuge cinquante ans de jouis- « sance aux héritiers de la propriété littéraire m'o- « blige à faire quelques changements à mon testa- « ment. Envoyez-le-moi, je vous prie. Je vous le re-

« mettrai à mon passage à Toulon, dans trois mois. »

J. Michelet.

Paris, 2 juillet 1872.

Le 28 de ce même mois, mon mari complétait, en effet, ses dernières dispositions. Il le consigne dans son journal en ces termes : « Récrit mon testament. »

Voici ce troisième testament :

TESTAMENT OLOGRAPHE DE M. J. MICHELET

« Article 1er. — Je soussigné, Jules Michelet, demeurant à Paris, rue d'Assas, 76, et me trouvant à Hyères (Var), ai fait mon testament ainsi qu'il suit :

« Mes héritiers de droit sont les trois enfants de ma fille, décédée et épouse de M. Dumesnil, issue de mon premier mariage avec dame Pauline Rousseau, décédée en 1839. Ces enfants sont : Étienne, Jeanne et Camille Dumesnil.

« Art. 2. — Je suis en secondes noces avec dame Athénaïs-Marguerite Mialaret. Dans cette situation, j'institue ladite dame pour ma *légataire universelle*, et je lui laisse et lègue, à ce titre, en pleine propriété et jouissance, tous les biens meubles et immeubles qui composent ma succession, en quoi ils peuvent consister sans réserve, à l'effet d'entrer en possession de son legs aussitôt après mon décès.

« Ce legs n'aura d'autre limite que celle qu'y mettra la loi[1] à raison de l'existence de mes petits-enfants.

« Dans cette part de ma succession, je veux que ma dite épouse puisse comprendre à son gré et à son choix, d'après l'estimation qui en sera faite, tout ou partie des objets à notre usage personnel, composant mon ameublement et qui m'appartient en propre.

« Quant à ceux desdits objets qui appartiennent à mon épouse, comme lui provenant de sa famille ou de dons qui lui ont été faits par nos amis, elle les reprendra en vertu de son droit.

« Art. 3. — Notre situation ne serait pas comprise sans certaines explications. Je n'ai eu aucun patrimoine, rien de mon premier mariage. Tout ce que je laisse est le fruit de mon travail. Malgré l'économie de ma première femme, morte en 1839, nous n'avions, à cette époque, amassé que 3,000 livres de rentes. Cependant, en 1843, au mariage de ma fille, étant alors à l'aise par mes places et mes livres, je lui constituai 1,500 livres de rentes et 1,200 livres de plus, lorsque nous habitâmes à part : en tout

[1] La loi réduit au *quart* la part de la veuve en secondes noces lorsqu'il n'y a pas eu communauté de biens dans le mariage ; le titre de *légataire universelle* n'ajoute rien à son droit.

2,700 livres, que j'ai payées à mon gendre depuis cette époque.

« Ceci explique pourquoi, à mon second mariage, j'eus la regrettable négligence de ne pas prendre, dans le contrat, des précautions convenables ; c'est qu'en réalité ma rente était presque entièrement appliquée à ma fille, je n'avais guère que mon travail et la vente de mes livres. Cette vente cessa plusieurs années. Des temps pénibles vinrent. Je perdis mes places et devins malade. Nous vécûmes d'économies à la campagne. Non-seulement je payai à ma fille sa pension, mais je lui prêtai certaines sommes, qu'elle ne pouvait rendre.

« Ce fut seulement en 1856 que ma situation commença à se relever par le succès de l'*Oiseau*.

« Ainsi toute notre fortune a été acquise pendant la durée de mon second mariage. Ma femme y contribua non-seulement par sa vie économique, mais très-activement par une *collaboration* continuelle. Elle revoyait mes épreuves et préparait mes livres d'histoire naturelle (*Oiseau*, *Insecte*, *Mer*, *Montagne*) par des lectures, extraits, etc. Et même elle a écrit des parties considérables de ces livres. Il est donc juste que ma femme conserve sur tous mes ouvrages, outre les droits personnels que lui attribue la loi, tous ceux qu'elle peut tenir de ma volonté. Je lui donne donc, sur mes propriétés littéraires, les droits les plus étendus en sa qualité de légataire universelle. Mes petits-enfants, plus que tous autres, devront respecter cette volonté.

« De toute manière, ils lui sont redevables, car ce sont surtout ses soins vigilants qui ont créé leur fortune. Loin de chercher à restreindre mes dépenses pour mes petits-enfants, elle insista pour que mon petit-fils étudiât, à mes dépens, aux pensions et écoles coûteuses, qui pourraient lui créer une position : celle d'ingénieur.

« Cette éducation, qui a coûté 22,000 livres, a duré dix ans, sans qu'elle se soit départie de son intérêt maternel, malgré certains procédés de la famille. Elle a été la même pour mes petites-filles, leur préparant leur établissement futur, quoiqu'on ait pris à tâche de les aliéner et de les tenir toujours éloignées de la maison.

« Art. 4. — Quant au surplus des biens qui composent ma succession, et que les limites légales empêcheraient d'être compris dans le legs universel à ma femme, je laisse et lègue la quotité qui se trouvera légalement disponible à mes petits-enfants, à se partager entre eux par portions égales. Comme condition essentielle de ce legs, fait sur la quotité disponible, je veux que mes petits-enfants soient tenus de *faire emploi* des sommes qu'ils en recueilleront soit en rentes sur l'État, soit en actions de la Banque de France, soit en immeubles, soit en placements privilégiés.

« Les valeurs qui serviront ainsi à ces emplois seront incessibles et insaisissables, pendant la vie des légataires, et il sera fait mention de cette condition sur les titres.

« Art. 5. — De plus, comme condition du legs qui précède, je soumets mes petits-enfants à servir les pensions viagères qui suivent... (*Suit la nomenclature*).

« Art. 6. — Les dettes de ménage seront acquittées sur la masse commune avant tout partage.

« Art. 7. — J'ai publié tous mes manuscrits et, en ce moment même, j'en publie un (*Histoire du dix-neuvième siècle*). Je ne laisserai que les matériaux qui ont préparé mes ouvrages. Tout cela est parfaitement étranger à mes petits-enfants, qui, séparés avec soin de moi depuis dix ans, ont reçu, sous une autre influence, des idées différentes[1]. Quoique bien nés,

[1] Ces mots « idées différentes » ont fait croire à beaucoup de personnes étrangères à notre foyer, qu'il y avait eu, entre M. Michelet et son ancien gendre, des dissidences religieuses. — C'est une erreur. — M. Dumesnil a fait enterrer sa première femme et son père, *civilement;* il s'est remarié *civilement*.

Du reste, les croyances religieuses eussent-elles été différentes, cela n'aurait rien changé aux sentiments paternels de M. Michelet pour M. Dumesnil.

Un fait tout intime prouvera mieux que des paroles quelle était sa tolérance, son respect même, pour toute opinion sincère.

Nous n'avons eu qu'un enfant, un fils que Dieu m'a retiré. J'ai désiré pour lui le baptême. Il ne m'a fallu pour obtenir l'acquiescement de mon mari, ni prières, ni larmes. Un mot a suffi, et c'est lui-même qui est allé chercher le prêtre.

ils sont faibles et, par mariage ou autrement, ils peuvent être conduits par des personnes hostiles, qui pourraient faire mauvais usage de ces notes et matériaux. Je prie et recommande à mes petits-enfants d'épargner à ma femme la formalité incommode et désagréable des scellés. Si mes papiers devaient sortir des mains de ma femme et être transportés hors de mon domicile, je recommande expressément à mes exécuteurs testamentaires de les brûler.

« Ces exécuteurs seront M. Jules Quicherat, directeur de l'École des Chartes, rue Casimir-Delavigne, 9, à Paris, et M. Henri Celliez, avocat, rue du Pré-aux-Clercs, 14, à Paris. Je les prie de veiller avec soin à l'exécution de mes dernières volontés.

« Art. 8. — Je désire vivement que mes petites-filles soient mariées sous le régime dotal[1].

« Ma femme pourra léguer mon portrait, par Couture, à un musée, avec le sien, de 1856, qui est dans mon cabinet. Je désire qu'ils ne soient pas séparés.

« Comme il n'existe aucun signe certain de la mort que la décomposition, dans plusieurs contrées de la Suisse et d'autres pays, on l'attend et on garde le visage découvert. J'ai pris cette précaution pour les miens. Je désire qu'on la prenne pour moi, à moins

[1] M. Dumesnil vient de marier sa fille sous le régime de a *communauté universelle*.

que M. Robin ou un autre docteur de mes amis n'ait fait l'autopsie.

« Je serai transporté, sans cérémonie religieuse, au cimetière le plus voisin, avec l'appareil le plus simple. Qu'on donne aux pauvres ce qu'on aurait dépensé. Plus tard, à la mort de ma femme, un tombeau commun de famille pourra être élevé.

« Dieu me donne de revoir les miens et ceux que j'ai aimés !

« Qu'il reçoive mon âme reconnaissante de tant de bien, de tant d'années laborieuses, de tant d'œuvres, de tant d'amitiés !

J. MICHELET.

« Je révoque tout testament ou codicille que je puis avoir écrit antérieurement à celui-ci.

« Écrit en entier et signé de ma main.

J. MICHELET.

« Hyères, le 1er février 1872. »

« Telles sont toujours mes intentions à la date où je ferme ce testament.

Paris, 28 juillet 1872[1].

Ce testament a été déposé chez Me Roullier, notaire à Hyères (Var), le 9 février 1874.

[1] Il est à regretter que dans les copies du testament adressées aux journaux, on ait négligé cette dernière date. Elle supprime le procès.

II.

Ce troisième testament, sincèrement et scrupuleusement conforme à la loi, ne me réservait guère que l'héritage de la pensée. Il semble qu'il eût dû au moins, sous ce rapport, satisfaire M. Dumesnil.

Cependant, dès qu'il apprit la mort de M. Michelet, il affecta de se croire lésé, et il sonna l'alarme. C'était le seul moyen qu'il eût de se draper dans son titre de tuteur et protecteur de ses enfants. Il supputa, calcula, entassa les chiffres; il fit fouiller tous les dépôts publics. Aussi informé sur notre *Avoir* que s'il l'avait fait, il avait beau chercher, additionner, il prétendait qu'il lui manquait toujours quelque chose, environ *cent trente mille francs*.

Je donne aux appendices le chiffre réel de notre fortune créée uniquement par notre travail et l'emploi que nous en avons fait. Ici, je me bornerai à dire que ce n'était pas 150,000 francs qui devaient manquer à M. Dumesnil, mais bien *cent soixante-quatre mille francs*. C'est là, en effet, le total des sommes que mon mari avait données aux siens depuis notre mariage et celui qui réclamait en avait touché la plus forte part.

Cependant, il chargeait l'agent qui allait lui ramener le corps, de lui rapporter aussi *son argent*.

Il l'avait armé de notre contrat de mariage dont il savait depuis longtemps la valeur. Avec ce contrat qui, je l'ai dit, constitue à mon égard une injustice légale, on réglait fort succinctement mes comptes. En revanche, on m'en demandait de fort sévères.

Pour faire impression sur les magistrats d'Hyères et de Toulon, M. Dumesnil était allé trouver ce même employé du Comptoir d'Escompte dont on a vu déjà le nom, M. Lefèvre. Il l'avait sollicité d'écrire, non pas à lui, mais plus *utilement* à un magistrat, M. Millet, subrogé-tuteur et vice-président du tribunal de la Seine, une lettre accusatrice. Cette lettre disait que mon mari, dès 1865, avouait un chiffre de fortune déjà considérable. Qu'était-ce donc dix ans plus tard? Il devait y avoir à Hyères de l'argent caché.

Aussi, après la scène de l'apposition des scellés que j'ai racontée, l'agent de M. Dumesnil s'en allait, en hâte, à Toulon, déclarer au président du tribunal, qu'on avait trouvé chez mon mari: « *diverses valeurs qu'il était indispensable d'inventorier*, » et que, « *vu l'urgence*, il demandait que les scellés fussent levés sans attendre l'expiration du délai des trois jours fixés par la loi. » (Voir ce procès-verbal à l'appendice B.)

De son côté, M. Dumesnil ne restait pas inactif. Tout au souci de la fortune, il disait, faisait dire par les proches parents de sa seconde femme[1] « *qu'on avait trouvé à Hyères des sommes folles.* » Or, je devais 2,000 francs pour les tristes frais de la maladie, de l'embaumement, des cercueils, et je ne possédais en tout qu'un billet de mille francs.

Mais, dans tout ceci, c'est surtout la veuve qui est soupçonnée, accusée, et le mort n'est mis en cause qu'indirectement. S'il était, à son tour, accusé, calomnié par quelque étranger, M. Dumesnil, à coup sûr, se lèverait pour le défendre....

Voici pourtant ce qui s'est passé à Hyères, moins de quinze jours après la mort de M. Michelet.

Un journal, mal renseigné, venait d'avoir le triste courage de l'outrager avant même que sa bière ne fût fermée, et j'avais prié notre notaire d'Hyères de prouver avec les chiffres de nos registres, combien celui qu'on accusait « d'être un père dénaturé, » avait toujours, au contraire, été bon et généreux pour les siens.

« Monsieur le rédacteur,

« Voici quelques chiffres puisés à bonne source, qui pourront vous permettre de répondre aux questions que certains journaux vous posent si singulièrement.

[1] Un de ces proches parents, sommé de prouver son assertion, a écrit que M. Dumesnil l'avait trompé.

« En 1851, M. Michelet possédait, pour toute fortune acquise, une rente de trois mille francs.

« Il faisait à ses enfants et à ses vieux parents une pension de huit mille quatre cents francs. Sa fille, à elle seule, touchait trois mille six cents francs. L'aisance de M. Michelet lui venait de ses places.

« Au 2 décembre 1851, il les perdit toutes, ainsi que le produit de la vente de ses livres d'enseignement qui furent rayés du programme; il ne posséda plus que sa rente de trois mille francs et son modique traitement de l'Institut. Il ne continua pas moins de servir à sa famille une pension de cinq mille huit cents francs, et cela en réunissant le produit de quelques restes d'éditions. Pour lui, afin d'économiser, il quitta Paris et s'en alla vivre au fond d'une campagne qu'il avait louée.

« Ce fut seulement en 1856, par la publication de l'*Oiseau*, fait en collaboration avec madame Michelet, qu'il revint quelque peu de ce grand naufrage.

« En 1856, il prenait en main l'éducation de son petit-fils qu'il tint dix ans dans les meilleures écoles pour en faire un bon ingénieur. Il a dépensé à cette éducation vingt-deux mille francs.

« Je m'arrête ici, sans conclure.

« ROULLIER,

« *notaire à Hyères.* »

Hyères, 26 février 1864.

M. Dumesnil lisant cette lettre qui défendait l'aïeul de ses enfants, au lieu d'y adhérer pleinement, sommait le journal qui l'avait publiée d'insérer la lettre suivante :

« Monsieur,

« Je m'inscris en faux contre les assertions relatives aux affaires de notre famille, contenues dans votre numéro d'aujourd'hui, sous la signature Roullier, notaire à Hyères, prêt à fournir en justice les pièces à l'appui [1].

« Je vous prie, monsieur, d'insérer cette *protestation* dans votre plus prochain numéro, et je vous en requiers au besoin [2]. »

A. Poullain-Dumesnil.

Hyères, 26 février 1874.

Après cette lettre, après les chicanes, les soupçons, les attaques dont le testament et le testateur avaient été déjà l'objet de la part de M. Dumesnil, l'ancien gendre était-il bien venu à interpréter la disposition testamentaire relative à la sépulture, à dire qu'il a fait enterrer mon mari à Hyères « par devoir de conscience? »

[1] Le journal attend encore ces pièces.

[2] On comprendra que la publication du testament ait été jugée dès lors indispensable, pour que le pauvre mort ne fût pas à merci.

§ III.

Venons-y à cette dernière disposition sur la sépulture; c'est pour elle que j'écris ceci.

Puisqu'il y a dans ma destinée ce côté sombre qu'ayant donné ma vie pour prolonger celle de mon mari, j'ai dû voir le lendemain de sa mort, un étranger décider dans ces choses intimes, et s'arroger le droit d'interpréter seul le testament, faisons notre devoir jusqu'au bout, avec l'aide du mort lui-même, examinons cette disposition testamentaire, allons au-devant des objections.

Dans le premier et le second testaments, mon mari disait, relativement à la sépulture : « Je veux « l'enterrement du pauvre, mais la sépulture près « des miens. » Dans son dernier testament, il a substitué : « Je serai transporté au cimetière le plus voisin, avec l'appareil le plus simple, etc. » Ce testament n'eût-il pas été récrit à Paris que ces mots « l'appareil le plus simple, » excluraient complétement l'idée d'Hyères comme lieu de sépulture. Dans une si petite localité, le convoi du riche et celui du pauvre se ressemblent. Il n'y a pas de char funèbre ; le cercueil est porté à bras par quatre hommes[1]. Il en est de même pour l'autopsie. Mon

[1] Voir pour plus de détails l'Appendice A.

mari savait qu'on n'en fait point à Hyères. On peut voir que, dans son testament olographe, cette phrase « à moins que le docteur Robin ou un autre docteur de mes amis n'ait fait l'autopsie, » est écrite en interligne. Il l'ajouta en novembre 1872, après une fluxion de poitrine dont il avait failli mourir dans son appartement de la rue d'Assas. Averti, « il prenait, disait-il, ses précautions. » L'ami auquel il songeait en l'absence de M. Robin, c'est le docteur Georges Pouchet, qui précisément m'avait aidée à le soigner dans cette dernière maladie.

M. Dumesnil, qui a lu ce testament olographe, et qui a senti la gravité de l'objection que le mort lui faisait, M. Dumesnil, dis-je, a essayé de donner le change à ceux qui interprétaient en légistes la pensée du testament. Il a dit par exemple, à M. Castagnary, rédacteur du *Siècle*, qu'il ne s'agissait pas du docteur Ch. Robin, de Paris, mais d'un docteur Robin d'Hyères. Il pouvait d'autant plus l'affirmer qu'il en venait. Or, il n'y a pas de docteur Robin, ni à Hyères, ni même à dix lieues à la ronde.

On dira peut-être : « Pourquoi avoir conservé la date d'Hyères, puisqu'en dernier lieu le testament a été « récrit » et « fermé » à Paris, rue d'Assas, le 28 juillet 1872? »

Mon mari qui ne songeait pas au danger d'une

interprétation pharisaïque, a voulu tout simplement témoigner à son ami et premier conseiller M. Thouron, qu'il considérait toujours ce troisième testament comme sien, appartenant à son étude.

La lettre du 2 juillet 1872, que j'ai donnée, le dit en propres termes.

J'arrive à la désignation du cimetière. Et d'abord je déclare que, si je n'avais pas à faire exécuter une volonté, je ne réclamerais pas. Si mon mari, en attendant la mort, avait réellement voulu être enterré n'importe où le hasard le ferait mourir, je ferais deux parts de ma vie, l'une pour la tombe, l'autre pour la pensée; l'une pour Paris, l'autre pour Hyères. Mais cela n'est pas. Comment soutenir, en effet, que celui dont l'unique préoccupation fut de lier nos existences après sa mort comme elles avaient été liées pendant sa vie, ait voulu m'obliger à résider rue d'Assas (comme on le verra plus loin), à y vivre de son souvenir en travaillant pour lui[1] et m'imposer, en même temps, le devoir contradictoire d'être à Hyères pour soigner sa tombe?

Que penser d'ailleurs d'un mari qui tiendrait absolument à ce que sa femme lui revînt morte, et qui, par pur caprice, tandis qu'elle serait vivante et toute à sa pensée, s'en éloignerait à cent, deux cents, trois cents lieues?

[1] Voir la lettre de M. Ch. Robin l'Appendice I.

Non ! jamais idée pareille ne vint à son esprit. Son cœur trop humain l'eût énergiquement repoussée. Jamais sa plume n'écrivit rien de semblable. Toutes les subtilités qu'on entassera ne pourront dérober la volonté manifeste du mort à la clairvoyance des juges.

Il ne saurait donc y avoir aucun doute sur les paroles du testament : c'est Paris que mon mari réclame pour sa tombe. Si, en dehors du testament, nous cherchons dans ses écrits, dans ses actes, nous trouverons l'affirmation plus éclatante encore de sa volonté.

IV

CULTE DES TOMBEAUX

« Aimer les morts c'est une immortalité. »

J. MICHELET.

Jamais homme ne s'est tant occupé des morts, n'a témoigné pour la tombe une plus vive et plus constante sollicitude.

Au temps où les cimetières étaient peu fréquentés, il y promenait ses rêves et ses mélancolies. — « Pendant dix ans, j'ai erré sur les routes du Père-La-chaise. »

D'où lui vint ce culte qui a commencé sitôt chez lui ? Il nous l'a dit lui-même : De la pitié.

« Je me rappelle comme d'hier que, le lendemain « du jour où on enterra mon grand-père, il s'éleva « un grand orage, et ma grand'mère, avec un accent « qui m'arrache encore des larmes au bout de qua-

« rante années, dit : « Mon Dieu, il pleut sur lui [1]! »

Quand il perdit sa mère, l'impression fut autre, mais encore plus poignante. Cette fois, il vit la mort face à face, n'y pouvant croire. « Lorsqu'en m'éveillant le matin, mon père en pleurs me dit : « Ta « mère est morte! » cela me semblait impossible. « Je passai la journée, les yeux fixés sur maman, « et lisant de temps en temps les prières des morts. »

Ceci est le récit de l'enfant. Trente ans plus tard, l'homme nous révèle la blessure saignante qu'il garde toujours au cœur.

« Elle a eu mon mauvais temps, et elle n'a pu « profiter de mon meilleur. Jeune, je l'ai contristée, « et je ne la consolerai pas. Je ne sais pas même où « sont ses os. J'étais trop pauvre alors pour lui « acheter de la terre [2]. »

Il avait, du moins, cherché où pouvait être cette place. J'ai trouvé sur un précieux petit garde-mains ces mots : « Déposé une couronne sur la tombe où « peut-être repose ma mère. »

Ce doute et ces regrets cuisants ont profité à d'autres morts. Combien de tombes délaissées lui ont dû, depuis, leurs fleurs et leurs couronnes!...

[1] *La mort et le deuil.* Chapitre de l'*Amour*, p. 358.

[2] Le *Prêtre*. Préface.

On ne peut lire sans trouble cette page écrite à vingt ans sur la mort de son premier ami :

« A onze heures, nous arrivions au cimetière. « Comment dire tout ce qui me venait pendant que « nous montions lentement cette allée funèbre. La « vue des arbres demi-voilés par le brouillard et hé« rissés de glaçons, me déchira, mais ce qui me « perça, ce fut d'entendre cette terre glacée qu'on « faisait tomber sur la bière.

« Votre ami, dis-je à Pauline en rentrant, a main« tenant six pieds de terre sur le cœur... » (14 février.)

« Le dimanche 18, j'allai au cimetière, et j'arra« chai de la terre glacée un assez grand nombre de « pierres que j'amoncelai sur la fosse. Je plaçai au « milieu une branche sèche que je chargeai de mes « deux couronnes. Ainsi le premier monument qu'il « a eu a été élevé par mes mains [1]. »

Et depuis, pendant les dix années qu'il habita avec son père la rue de la Roquette, quelle que fût sa vie soucieuse et lourde de labeurs, il ne manqua jamais « de monter là-haut une ou deux fois par semaine. » Dans la saison d'été où les fleurs ont besoin de beaucoup d'eau, il y montait presque tous les soirs ; il y allait lire, écrire, songer. Il emportait toujours avec lui quelques-uns des livres qu'ils avaient lus, aimés ensemble : Virgile, la Bible ; par-

[1] Cette page et tout ce qui va suivre est tiré de ses papiers intimes qu'il m'a donnés.

fois, quand il avait trop de deuil dans le cœur, quelque chose de plus tendre, qui fît couler ses larmes, allégeât sa douleur ; il lisait à haute voix près de la tombe, « comme s'*il* eût entendu[1]. »

Et lui, il est tout seul là-bas ; il n'y a pour lui ni larmes, ni prières. Il avait pourtant espéré mieux. « Je suppose, écrit-il dans une soirée solitaire où il « se promène bien doucement avec la fièvre, dans « son jardin, au fond, tout seul, dans un air admi« rable, chaud, humide, partout des roses, je sup« pose que Dieu, qui est si bon, pour nous détacher « de cette terre, dont nous ne nous détachons guère « pendant notre vie, nous accorde quelques années « de vie errante autour de notre tombe. Les amis « nous visitent fréquemment, la famille; les en« fants ! ah ! il ne peut leur parler, mais il les « voit !... » Un isolement sauvage a répondu à ce vœu.

En 1839, Dieu le frappa de la grande épreuve ; il perdit sa première femme qui, plus heureuse que lui, « put le voir » errer et se consumer de regret autour de son tombeau. Dès qu'il s'en éloigne un moment, pour le bien de ses enfants qu'il élève lui-même, il s'accuse : « Jamais absence si longue... « Dans ce mois pourtant, il n'est pas un jour où je

[1] En 1838, vingt ans après, apprenant qu'on faisait son exhumation, il demanda à la famille et obtint d'elle qu'il en partagerait les frais.

« n'aie pensé et prié... Mais il me semblait que le « soir il valait mieux, même en pensée d'elle, m'oc- « cuper de ses enfants... »

Son âme entra si avant dans le deuil et dans la mort, elle en goûta si bien toutes les attractions, qu'il semble n'en pouvoir revenir.

« Je disais dans mes premières (et bien moins « amères) tristesses : *æquum, bonum et justum est « dignum et salutare...* Je n'ai plus la force de le « dire. Reprenez-moi donc, puissance inconnue, je « n'ai plus de résignation. » (Juin 1840.)

Depuis cette mort, il vivait seul avec ses souvenirs dans son grand appartement désert. Sa fille était mariée, son fils absent. Il ne lui restait plus que son vieux père.

Un soir, comme il rentrait des Archives, on l'arrête sur le seuil : « Votre père est mort. » « Mort ! » Ce fut le seul mot qu'il prononça d'abord, comme à la mort de sa mère. — Au troisième jour, quand il se réveille de son étourdissement, et que la mémoire lui revient, elle creuse et approfondit la blessure :

« Je ne l'ai pas quitté quarante-huit ans, et je l'ai quitté hier; il m'a fallu mettre dans la terre celui qui m'aima *uniquement*.

« Aujourd'hui, nous voilà à part ; lui dans la terre, où il a déjà reçu la froide pluie de novembre, moi près du feu, à cette table où j'écris ceci. Dure, amère opposition !

« Me voilà *vieux d'aujourd'hui.* « C'est moi qui « maintenant, disait Luther dans un jour semblable, « c'est moi qui suis le *vieux* Luther. »

« Vieux, souffreteux, maladif, je reprends la « plume, je reviens à mon travail, je retourne à « *mon histoire*, mon refuge habituel, la Lemnos de « ce Philoctète... « Cher antre, douces fontaines qui « me fûtes si amères, recevez votre blessé. »

C'est près de cette tombe qu'il allait redemander des forces « pour redevenir l'homme d'airain qu'il fut dans le passé. » En juin 1848, après nos malheurs publics, il s'y achemine espérant y trouver la vie. « J'avais, « dans la matinée, esquissé la mort du Christ. Je sen- « tais la mienne aussi. Des ruines et des ruines. Le « cimetière, le quartier de la Roquette, me remirent « en mémoire tant d'années écoulées... Que de fois « j'ai trouvé, comme aujourd'hui, le Père-Lachaise « englouti sous les roses. — La nature, à travers nos « deuils, poursuit sa marche éternelle. — Je revins « triste, mais plus porté au travail. »

La mort pour lui ne s'est jamais lassée. Après son père, ce fut notre enfant. Il est couché aux pieds de son grand-père, il nous attend. — C'est là que mon mari a voulu être, jusqu'au jour où il a trouvé trop cruel de s'éloigner de moi. — Cette tombe n'est pas moins désignée pour notre sépulture.

Le jour où il y porta notre enfant, il écrivit : « Je « viens d'y mettre, avec le cher trésor de mon passé, « mon invincible espérance. »

Après notre fils, ce fut sa fille qui, en bien des sens, était lui-même. — J'ai trouvé dans son journal bien des traces de ses regrets de l'avoir donnée. — S'il l'eût sentie plus présente à son foyer solitaire, il ne se fût jamais remarié.

Un matin, la retrouvant morte, ce cri de douleur s'arrache de sa poitrine avec un grand déchirement :

« Quoi ! le corps vénéré de mon père, le corps de « ma fille (ravissante dans le cercueil même) doivent « subir, quoi que je fasse, l'outrage de la pourriture ! « Qu'ai-je fait pour naître si tard et non aux jours « de la beauté antique, où de son lit au lit funèbre, « l'objet aimé était posé avec respect sur le bûcher, « était délivré par la flamme, et passait dans la lu- « mière évanoui dans un rayon !... »

Ne pouvant ramener au foyer sa cendre, il fit sienne sa tombe. Pendant vingt ans, seuls, ensemble, nous l'avons visitée, parée. Il disait, comme pour celle de sa femme : « J'y vais d'autant plus volon- « tiers que je suis seul à la visiter. » Jamais, en effet, nous n'avons trouvé une fleur, une couronne qui témoignât que l'époux y fût venu, qu'il y eût mené ses enfants.

La tombe de son fils est la seule qu'il n'ait pu refermer, embellir. Il a souffert de la savoir si loin de lui [1]. Il écrivait à un notable de Strasbourg qui avait toujours été paternel pour son fils [2] : « Ce qui m'arrête pour faire mettre une pierre sur sa tombe, « c'est l'idée d'une sépulture durable. J'aimerais « mieux qu'il fût réuni à sa mère qui le désira avant « sa naissance et l'aima tant. Cependant il a eu à « Strasbourg tant de bonnes amitiés, que lui-même « peut-être, consulté, voudrait rester là. »

Plus tard il dit : « Si vous allez parfois au cimetière, je vous prie de me faire savoir dans quel état est sa tombe. » Apprenant qu'elle est soignée, il remercie : « Je suis touché au fond du souvenir que les amis de mon fils veulent bien lui garder et de l'intérêt pieux qu'ils portent à sa modeste sépulture. »

Et maintenant, comment croire que celui qui a toute sa vie visité ses morts, qui a témoigné tant de regrets d'être à cent lieues de la tombe de son fils,

[1] Charles Michelet est mort à Strasbourg, où il était employé, en mai 1862.

[2] M. Sabourin de Nanton.

ait voulu, lui, rester à deux cents lieues de son amie, de sa compagne, de celle qu'il appelait sans cesse à ses côtés, dont une absence de quelques instants lui arrachait en prévision de l'avenir ce cri de douleur : « Moi qui ne puis me passer d'elle un « quart d'heure aujourd'hui, comment ferai-je dans « les temps infinis où je ne l'aurai pas? »

V

SA PENSÉE SUR LES CIMETIÈRES

> « J'ai été dix ans le plus assidu visiteur des morts. »
>
> J. Michelet.

Un cœur si large ne pouvait, si malade qu'il fût de ses propres blessures, s'enfermer dans le culte solitaire des tombeaux de famille.

A chaque instant son âme généreuse s'élève de la douleur individuelle à des regrets plus vastes. Il y a eu en lui autant et plus de pleurs, pour la mort d'une seule nation, que pour la perte de tous les siens.

« Dure destinée de l'historien d'aimer, de perdre tant de choses, de recommencer tous les amours, tous les deuils de l'humanité... Moi qui ai des excuses pour tant de choses, des regrets pour tant d'âges divers, moi pour qui toute vie passée est précieuse, et qui sens de ma famille et de mon sang toute l'humanité, je marche à travers l'histoire, portant cette grande urne comme l'auteur grec qui, jouant Électre, portait l'urne de son fils...[1] »

Le cimetière, qui pour un si grand nombre n'est qu'un lieu funèbre qu'il est bon de fuir, l'attirait et le retenait. Il le considérait « comme l'asile intermédiaire entre la vie et la résurrection. »

Il ne veut pas qu'on en éloigne les enfants ; il y menait souvent les siens, leur enseignait par les fleurs qui couvrent les tombes, que la mort est sœur de la vie, et que les plus belles fleurissent sur les tombes les plus aimées.

Dans ses voyages, il ne manquait jamais d'aller visiter les cimetières, d'en relever les inscriptions.

En Écosse, au vieux cimetière d'Hooly Rood, il écarte les vieilles mousses espérant, par un mot respecté de la rouille du temps, ressaisir l'âme du passé.

En Suisse, à Lucerne, dans son beau *campo santo* qui s'étage et domine un paysage d'infinie grandeur, son cœur se trouble à la révélation des peurs cruelles

[1] Papiers intimes. *Amertumes.*

exprimées par une jeune âme qui s'en va : — « Je « restai longtemps devant cette épitaphe, sans pou« voir m'arracher : « Je suis un enfant de deux ans... « Quelle chose terrible est-ce donc pour un enfant « si petit, de s'en aller au jugement et de comparaî« tre déjà devant la face de Dieu ! » « Je fondis en « larmes, j'avais entrevu l'abîme du désespoir ma« ternel. »

Dans ce même cimetière, comme du reste, dans tous les cimetières catholiques de la Suisse, nous avons trouvé ensemble, depuis, une chose plus douce. Chaque tombe, sous la croix qu'on a mise au sommet, se ménage, suivant l'usage antique, un bénitier. Il est là, pour que celui qui passe, jette l'eau bénite et rassure dessous la pauvre âme captive.

C'est l'oiseau qui le plus souvent est ce bon messager. Le jour, il y vient boire l'eau bénite confondue avec l'eau du ciel ; le soir, avant de s'endormir, il se pose sur la croix et chante la lumière.

Aux vallées les plus hautes, les plus déshéritées des petits cantons suisses, vous êtes toujours sûr de rencontrer dans le cimetière, aux dernières lueurs du jour qui s'éteint, un rouge-gorge solitaire.

D'un vol silencieux, il se glisse d'une tombe à l'autre, et file, à voix basse, un petit chant voilé, comme pour bercer doucement le sommeil de chaque mort.

Cela avait si fort touché mon mari, qu'il s'en allait de préférence, le soir, du côté du cimetière. « Il « est bon à mon âge, me disait-il, de se nourrir des « graves pensées qu'éveille un tel lieu ; mais il est « bon aussi qu'il s'y mêle un petit chant d'es- « poir. »

Volontiers, il jugeait les habitants d'un pays par le lieu qu'ils avaient choisi pour leur cimetière. Ceux qui étaient sans rapports avec le monde des vivants le blessaient. Il les voulait, non pas au centre des villes, vulgarisés et sans action ; non pas lointains et dès lors peu visités, « mais dans les faubourgs, aux « avenues, comme à Rome, avec des arbres, des fon- « taines, un drainage souterrain pour empêcher les « infiltrations. » Comme exposition il aimait les cimetières qui regardent le couchant et ménagent, à l'heure où tout s'attriste, de rassurantes lueurs. Lorsque par un retour sur lui-même, il désignait le cimetière qui lui conviendrait, après le Père-Lachaise, il nommait toujours le cimetière de Clarens, au bord du lac de Genève. Il exprimait la raison de ce choix par ce mot expressif : « Il n'y fait « jamais nuit. »

Mais son inébranlable prédilection fut toujours pour le Père-Lachaise : « Si je me décide, tôt ou « tard, à résumer les souvenirs de mon existence « *individuelle*, de l'époque de ma vie où je ne vi-

« vais pas encore de la vie *générale*, je prendrai « pour centre, pour texte, pour théâtre, le Père-La- « chaise. Toute cette période de ma vie, 1815- « 1825 (depuis la mort de ma mère jusqu'à mon « mariage, jusqu'à mes études sur Vico, jusqu'au « discours sur l'unité de la science), toute cette pé- « riode, dis-je, a roulé dans un rayon étroit, entre « le Marais, le Jardin-des-Plantes, Bicêtre, Vincen- « nes, le *Père-Lachaise.* Là mes amours, mes pro- « menades avec mes amis, mes pertes, mes re- « grets[1].. .. »

La dernière page qu'il ait écrite sur les cimetières date de 1869. Bien près de la fin, elle confirme l'attachement de toute une vie, elle réfute vigoureusement ce qu'on a prétendu de son indifférence sur le lieu de sa sépulture.

« Ce qui a gagné surtout dans ce demi-siècle, c'est le culte des morts. A son commencement on n'y faisait nul sacrifice, nulle dépense, et s'il faut le dire, les tombes étaient peu visitées. Elles le sont peu encore dans les campagnes du Midi. — Le peuple de Paris, que les provinciaux croient à tort sec, égoïste, est de tous ceux que j'ai connus celui qui fait le plus pour ses morts. La foule au 2 novembre est

[1] Papiers intimes. *Le Père Lachaise.*

énorme. Chaque famille, il est vrai, y va seule. Dès qu'on aura l'idée d'y aller en ordre, d'ensemble, à certaines heures, et d'y communier ainsi dans le regret, ce sera une fête réelle au sens antique, d'excellente influence sur les générations nouvelles, et puissamment éducative. » « *A visiter ses morts, on trouve des impressions graves et douces et aussi très-fécondes.* — Le cimetière est un organe essentiel de la cité, une puissance de moralité. Une ville sans cimetière est une ville barbare, aride, sauvage. *Que de saintes et bonnes pensées, quelle poésie du cœur vous ôtez aux vivants, en leur ôtant leurs morts.* Il est des états douloureux, intermédiaires, où, pour ainsi parler, on a un pied au temple et un pied hors du temple, où l'on flotte, où l'on rêve. Pour cela, l'ancien temple s'entourait de portiques où l'on errait, songeait. Ce vestibule du temple est aujourd'hui pour nous le cimetière. Celui de l'Est surtout a cet effet puissant. Des tombes on aperçoit le volcan de la vie. »

(NOS FILS.)

VI

DERNIÈRES PAROLES

Elles sont, en un sens, le vrai testament dont il faut tenir bien compte.

Si je donnais celles que mon cœur seul a entendues dans l'échange quotidien de nos pensées, on en douterait peut-être, on me demanderait des preuves, et la bouche qui les a prononcées est à jamais muette.

Je ne donnerai donc que les paroles écrites. Celles-ci ne se sont pas envolées avec l'âme du mort ; elles restent et témoignent de trois choses : des préoccupations douloureuses qui troublèrent mon mari dans les derniers mois de sa vie ; de son attachement profond pour notre foyer de la rue d'Assas, et du désir non moins profond qu'il eut de ne pas en être éloigné au moment de sa mort.

A la fin de l'année 1872, celle où il récrivit

deux fois son testament, mon mari eut une fluxion de poitrine qui fut suivie d'une paralysie de la main droite. Lorsqu'un peu de vie lui revint et qu'il put tenir la plume, quelle fut sa première pensée? D'acquiescer à la mort dont il s'était senti touché :

« Bon espoir y gît en plusieurs sens, Dieu et na-« ture. Il faut seulement supprimer le mot de la « mort... car on ne sait pas ce que c'est, et le nom « effraye. »

A partir de cette date, nous étions en novembre, ses notes, son journal, son histoire même, témoignent que la mort lui fut toujours présente et qu'il l'accepta comme le juste, sans trouble. En regardant sa belle figure toujours calme et sereine même aux heures du péril, on se rappelait ce mot de Bossuet pour une âme moins résignée : « Madame fut douce envers la mort. »

La fin de sa grande et magistrale préface des *Justices de l'histoire*, écrite sous les voiles de l'hiver; semble déjà un dialogue commencé entre son âme et Dieu.

Il lui offre son œuvre qui s'achève, en ce qu'elle peut avoir d'agréable à ses yeux, et lui mériter sa durée, « l'effort persévérant qu'il a fait pour être *juste* surtout envers ceux qui méritaient un souvenir reconnaissant, et qui n'ont bien souvent que l'oubli en partage. »

En ce qui le regarde, il a toute confiance : « Si « mon œuvre devait finir ici, je ne me plaindrais pas. « Je vois qu'en toutes choses, le progrès est l'allure « constante de cette puissance de la vie qui va tou- « jours de bien en mieux, et je garde l'espoir, comme « un courageux ouvrier, que de mes travaux impar- « faits j'irai à un travail meilleur. »

Mais, s'il est sûr de la part de Dieu, combien il doute de la part qui lui sera faite ici-bas.

Qui ne le sentira dans les lignes que j'extrais de cette même préface ! Ne semble-t-il pas avoir prédit l'avenir et prophétisé sa propre destinée ?

« Ne comptez pas sur le petit cercle dont vivant « vous fûtes entouré. »

« Je mourrai seul » dit Pascal.

« C'est le sort commun de l'humanité.

« Mais est-il bon qu'on se souvienne ? — Oui. « Chaque âme, parmi des choses vulgaires, en a « telle spéciale, individuelle, qui ne revient point « la même, et qu'il faudrait noter quand cette âme « passe et s'en va au monde inconnu.

« Si l'on constituait un gardien des tombeaux ? « comme un tuteur et protecteur des morts ?

« J'ai parlé ailleurs de l'office qu'occupa Camoëns « sur le rivage meurtrier de l'Inde : *Administrateur « du bien des décédés*.

« Oui, chaque mort laisse un petit bien, sa mé-

« moire, et demande qu'on la soigne. Pour celui « qui n'a pas d'amis, il faut que le magistrat y « supplée. Car la loi, la justice est plus sûre que « toutes nos tendresses oublieuses, nos larmes si vite « séchées.

« Les morts sont, pour dire comme le Droit ro- « main, ces *miserabiles personæ* dont le magistrat « doit se préoccuper.

« Jamais dans ma carrière je n'ai perdu de vue ce « devoir de l'historien. J'ai donné à beaucoup de « morts trop oubliés l'assistance dont moi-même « j'aurai besoin. » (1er mars 1873.)

Le lendemain du jour où il signait cette préface, qui est celle du second volume de son *XIXe Siècle* encore inédit, il semble qu'il ait douté plus fortement de pouvoir vivre et continuer.

Je trouve dans son journal ce triste souci :

2 mars 1873. « Dire un mot à mon beau-frère « Hippolyte sur sa sœur (veuve bientôt ?) »

Et plus bas, cette ligne pleine de mélancolie : « Je « regrette le regret même. »

Le 6, j'étais forcée, malgré moi, de le laisser seul une journée presque entière pour aller rechercher l'état civil de sa fille qu'il fallait faire exhumer.

Dans sa solitude attristée, il se demande avec angoisse ce qu'il fera dans la longue attente d'une autre réunion. Il écrit cette ligne que j'ai donnée plus haut, « Moi qui ne puis me passer d'elle un quart d'heure

« aujourd'hui, que ferai-je dans les temps infinis où « je ne l'aurai pas? »

Le 23, qui était un dimanche, la pluie nous empêchant de sortir, il me parla de cet avenir prochain ; il tira de sa bibliothèque sept petits volumes en vieille reliure d'autrefois et fort usés. Il les garda quelques instants dans ses mains, comme on y retient des reliques ; puis il me les donna en me disant : « Conserve après moi ce livre où lisait ma « mère et où j'ai pris moi-même le goût de l'his- « toire. » (C'étaient les Reines et régentes de France.)

Il y avait encore d'autres livres auxquels il tenait comme à des amis de son enfance ou même de toute sa vie et qu'il ne voulait pas voir disperser. Il y avait le vieux livre d'Heures de sa mère où il trouva de lui-même, enfant, les prières des morts qu'il lut à son chevet.

A côté, était la vieille Bible, qu'il emportait au Père-Lachaise pour en lire les épisodes mélancoliques sur la tombe de son premier ami.

Puis aussi, l'*Imitation* qu'il aima dans ses heures défaillantes, et son Virgile qui ne le quitta jamais.

Les auteurs grecs venaient ensuite. Il avait pris d'eux, non-seulement l'élan vers la lumière, et l'action, mais encore la forte séve, le goût des vertus antiques qu'il a toujours si naturellement pratiquées.

J'ai fait racheter, à la vente de ses livres, toutes ces reliques. Si ma petite bibliothèque d'histoire naturelle a été dispersée, que m'importe aujourd'hui d'avoir perdu ce qui était mien, si j'ai tout ce qui fut lui : ce qui a créé son âme et ce qu'elle a donné.

Notre foyer aussi le préoccupait. Il y tenait fort; il y avait pris racines par vingt années d'habitude, presque toute la durée de notre mariage.

Nous y étions entrés pauvres, nous y avions vu venir par le travail un peu d'aisance. Les moindres objets nous rappelaient une date, un souvenir. L'âme s'était prise à tout, elle n'eût voulu rien quitter.

En 1858, son attachement à ce foyer naissant est déjà si fort, qu'il le consacre dans un chapitre plein de deuil[1] :

« Ma maison qui fut leur maison rappellera nos « amis éperdus qui ne sentent pas mon âme errer sur « eux. Dans leurs incertitudes et leurs fluctuations « souffrantes, ils voudront revoir mon foyer, s'y ré- « chauffer. »

Seize ans plus tard, à cette même date du 23 mars, il lui échappe une prédiction sombre. Il voit ce foyer si cher, périr avec lui : « Je soutiens leur « maison, ils vont disperser la mienne. »

Et sur un autre feuillet qu'on a trouvé sous l'enveloppe de son testament, ce cri navrant qu'il n'a pu retenir :

[1] *L'amour au delà de la mort.*

« Ma maison que deviendra-t-elle ?... Pitié de ma « maison, de mes meubles, de mes gravures, des « tableaux avec qui j'ai vécu :

« Mélancolia 1825.

« Michel-Ange 1830.

« Les trois professeurs, Paul Huet, Belloc, Lortet. »

Il n'a pas jeté en vain ce cri, cet appel à la « pitié ! »

J'ai tout racheté; son foyer qu'il appelait sa maison, je l'ai gardé. Tel il avait fait son appartement et tel il restera jusqu'à ma mort. Ses gravures, ses tableaux, ses plantes favorites sont à la même place.

J'ai fait revenir nos oiseaux que j'avais donnés. Ils gazouillent dans sa salle à manger « d'un effet si doux, » où le soir, dans la douce chaleur du poêle, il aimait « à rouler ses pensées. » Tout semble comme autrefois l'attendre ; jamais ce foyer ne fut plus à lui !...

Maintenant je pourrais dire, peut-être, ce que signifie le dernier testament ; — C'est que mon mari demandait à rester le plus près possible d'une demeure si chère, et de celle qui l'habiterait seule, après lui.

J'aime mieux tirer des pages belles, fortes et fécondes qu'il a écrites sur la mort, l'expression de sa ferme volonté. Voici ce que j'ai trouvé :

« Paris a été tout pour moi. J'y suis né, j'y ai « vécu, j'y ferai ce long séjour bien autrement long « que la vie. Mes émotions, toutes mes traditions s'y « rattachent, — mon avenir.

« Tous les souvenirs solennels de ma vie ont eu « pour témoins tel ou tel lieu de cette grande ville.

« Mon enfance s'est passée dans le centre humide « et sombre, ma jeunesse dans ses faubourgs. Pen- « dant dix ans, j'ai erré, rêvé sur les routes du Père- « Lachaise.

« Je suis né à Paris, j'y ai vécu, j'y *serai enterré* « *s'il plaît à Dieu*[1]. »

[1] Papiers intimes. — *Paris.*

APPENDICE

A

Résumons, ici, pour conclure.

Les articles 1 et 8 du testament tranchent la question et déterminent le lieu du domicile. Celui de la rue d'Assas où j'habite, était, ou plutôt est encore celui de M. Michelet représenté par la succession.

Le testament dit : « Je soussigné Jules Michelet, demeurant « à Paris, rue d'Assas, 76, et me *trouvant à Hyères* (Var), ai « fait le testament ainsi qu'il suit. » — Cette expression « me trouvant à Hyères » signifie que le testateur s'y voit en passage, momentanément.

A la fin de ce second testament que mon mari écrivait précisément à Hyères, il dit : « Je veux la sépulture près des miens. » Son esprit, comme on l'a du reste très-bien observé, était en réalité à Paris, rue d'Assas.

Si maintenant nous prenons le troisième testament, celui-ci

écrit réellement à Paris, nous trouvons à l'article 8 des preuves encore plus fortes d'une même volonté relativement au lieu de la sépulture. Ces seuls mots : « l'appareil le plus simple, » donneraient toute la pensée de M. Michelet. — On voit qu'en réservant aux pauvres le prix de ses funérailles, il a songé à celles que les usages consacrent à un homme de son caractère, et qui se trouve en même temps dans une situation aisée.

Or, des funérailles coûteuses étaient impossibles à Hyères. Rien de tout cela n'eût préoccupé mon mari un seul instant, s'il eût entrevu la possibilité d'être enterré ailleurs qu'à Paris.

Enfin, si l'on demande à qui revenait le droit de l'inhumation, le testament vient encore répondre.

Mon mari en s'occupant des suites de sa mort, en me faisant sa *légataire universelle*, en me donnant son héritage le plus précieux, celui de sa pensée, n'a pas oublié la tombe. Il a voulu y reposer avec moi. *Uns* dans la vie, *uns* dans la mort.

Le tombeau commun de famille dont il parle dans son testament ne peut être élevé qu'au Père-Lachaise, où sont nos morts.

Mais revenons à ce qui supprime toute discussion. Le troisième et dernier testament a deux dates. La seconde, celle qui compte, est de Paris, du 28 juillet 1872. Celle-ci fixe le domicile légal, et le domicile légal décide du choix du cimetière.

Pourtant quelque chose réclame encore :

J'ai fait en février le voyage d'Hyères, pour qu'*il* ne fût pas seul, au moins à l'anniversaire de sa mort.

J'ai été navrée. Aucun souvenir des siens dans ce triste jour. Pas une couronne, pas une fleur !

Je suis seule à me préoccuper de cette tombe, et quoi que je fasse pour qu'on l'entretienne avec soin, la distance équivaut à l'abandon.

Je l'ai trouvée couverte des feuilles jaunies de l'automne, serrée entre deux tombes nouvelles qui ne permettent plus qu'on l'approche et projettent sur elle leurs froides ombres.

Ni air, ni liberté, ni lumière pour lui qui aima tant ces dons de Dieu. Et il est seul !

B

Extrait de la requête adressée, le 20 février 1874, par M. Debard, l'agent de M. Dumesnil. Ordonnance de M. le Président du tribunal civil de Toulon. (Voir le mémoire p. 11.)

« M. Michelet avait à Hyères diverses valeurs et divers effets mobiliers ; il est donc indispensable que les *valeurs* et effets sur lesquels les scellés ont été apposés soient inventoriés et partant qu'un notaire soit nommé pour représenter les absents.

« D'un autre côté il importe que le corps de M. Michelet soit dirigé au plus tôt vers Paris pour y recevoir la sépulture et à cet effet les exposants ont donné mandat à un tiers de venir en LEUR NOM s'occuper de ce soin et faire faire l'inventaire requis. Il y a donc urgence à ce que les scellés qui n'ont été apposés qu'aujourd'hui, 20 février, soient levés sans attendre l'expiration du délai des trois jours fixé par l'article 928 du Code de procédure civile.

« D'autre part, M. Michelet occupait à Hyères des appartements meublés qu'il y a urgence de rendre au plus tôt à leur propriétaire. (Ces appartements étaient payés jusqu'au 1er mai ; par conséquent, il n'y avait aucune urgence soit à Hyères, soit à Paris, de me mettre dans la rue.)

« C'est pourquoi vouloir autoriser à faire lever les scellés apposés, etc.

« Vu l'urgence, autoriser l'exécution de votre ordonnance sur minute avant l'enregistrement, etc. »

ORDONNANCE.

« Nous président, etc.,

« Attendu que les motifs allégués par les exposants pour obtenir de faire lever les scellés avant l'échéance des trois jours de leur apposition ne sont pas suffisants, disons n'y avoir pas lieu d'autoriser la levée des scellés avant l'expiration des trois jours, etc. »

Je n'ai connu la prétention qu'avait M. Debard de prendre le corps de mon mari que trois mois plus tard, et par un ami qui a cru utile de m'envoyer le procès-verbal que je donne ici.

Lorsque cet agent, insidieusement, sans me découvrir son projet, me demanda : « quand je devais ramener le corps ? » il argua de la part de la famille les dépenses que mes retards lui coûtaient. « Vous n'avez pas les charges. » (On verra que je les prenais toutes à mon compte.) Ainsi, le pauvre mort qui avait tant fait pour les siens, se voyait refuser quelques jours de plus sur la terre, à cause « des charges » que ce retard faisait peser sur ses héritiers.

C

Lettre de M. Dumesnil à M. Celliez, pour l'inviter à l'enterrement de mon mari. (Voir page 19 du mémoire.)

« Monsieur,

« Nos dissentiments doivent s'effacer au moins en un moment, celui où nous avons à rendre les derniers devoirs à M. Michelet.

« Il serait digne de lui que les personnes qui lui ont appartenu, présentes à Hyères, se réunissent devant ses restes mortels et les accompagnassent pieusement, fraternellement, au cimetière.

« Je vous prie, au nom des petits-enfants de M. Michelet, 'informer sa veuve que l'inhumation de M. Michelet, conformément aux volontés consignées dans le testament du 1er février 1872 et à l'ordonnance de M. le président du tribunal, aura lieu, à Hyères, aujourd'hui même, 28 février 1874, à une heure. On se réunira à la villa.

« Je vous prie aussi, monsieur, au nom des petits-enfants de M. Michelet, d'agréer pour vous cette information, en votre qualité d'exécuteur testamentaire et en votre titre d'ancien ami de M. Michelet.

« Veuillez recevoir, monsieur, etc.

« A. Poullain-Dumesnil.

« Hyères, 28 février 1874. »

On voit que les *petits-enfants*, qui sont à deux cent lieues, jouent cependant ici un grand rôle. — On voit aussi que M. Dumesnil dénature le sens de l'ordonnance qui a statué pour un dépôt *provisoire* et non pas pour une *inhumation définitive*.

D

Deuxième décision rendue par le Président du tribunal de Toulon sur la Sépulture. Ordonnance d'exhumation. (Voir page 23 du mémoire.)

Par ordonnance de référé prononcée ce matin, lundi 2 mars 1874, et qui sera signifiée aussitôt l'enregistrement, le président du tribunal civil de Toulon a décidé que, sur la réquisition et la poursuite de la partie la plus diligente, le cercueil de feu M. J. Michelet, inhumé samedi dans le cimetière d'Hyères, sera revêtu d'une seconde enveloppe de plomb et de bois, pour offrir une plus grande sécurité de résistance, et ce, par les soins et sous la surveillance de MM. Pécout et Petit, qu'il a désigné d'office, etc.

M. Dumesnil, se doutant bien qu'il allait encourir une condamnation, ne se présenta pas au tribunal. Il se hâta de partir, avec son agent, pour Paris, sans même charger son notaire de le représenter le jour de l'exhumation. J'ai dû prendre à mon compte sa condamnation et faire tout préparer pour que l'ordonnance du Président reçût son exécution.

Le jour où M. Dumesnil faisait enterrer mon mari, il tenait à me prouver qu'il était le maître, que je n'étais plus rien. Depuis il s'est ravisé. Il a voulu me faire participer à l'achat du terrain à *perpétuité*, ce qui serait me faire acquiescer implicitement à l'enterrement fait à Hyères.

Tout naturellement j'ai refusé.

E

TESTAMENT OLOGRAPHE DE M. J. MICHELET

ÉCRIT ET SIGNÉ LE 1er JUILLET 1865.

(Voir page 42 du mémoire.)

CECI EST MON TESTAMENT

Je n'ai eu aucun bien patrimonial ; ce que j'ai est le fruit de mon travail.

Dans mon premier mariage, quelle qu'ait été l'économie de mon excellente femme, nous n'avons amassé que 60,000 francs en tout, y compris la minime succession de sa mère et de son père.

Dans l'intervalle qui suivit, de 1839 à 1849, je n'augmentai pas ma fortune. L'éducation de mes enfants, des pensions faites à des parents, employaient ce que j'aurais pu mettre de côté.

En 1843, je mariai ma fille, et depuis, jusqu'à aujourd'hui, je donnai à mon gendre le revenu intégral des 60,000 francs amassés dans mon premier mariage. Sur le revenu mobile de mes places et de mes livres, je payai une pension beaucoup moins considérable à mon fils.

A mon second mariage, en 1849, mon revenu étant ainsi employé, je n'avais rien réellement, rien que mes places, que je perdis au 2 décembre, et mes livres, qui, dans les circonstances si orageuses d'alors (1849-1855), ne me rapportaient presque rien. Je fus malade un an ou deux (1853-1854). C'est dans ces temps difficiles que j'eus à me féliciter de mon second mariage. Ma femme resserra extrêmement nos dépenses. Nous nous reléguâmes en Bretagne, puis près de Gênes, dans un village, où nous n'avions pas même de domestique. En nous réduisant à ce point, nous pûmes continuer la pension de mon gendre et de mon fils, et prêter même à mon gendre certaines sommes dont il eut besoin.

C'est seulement en 1856 que la situation s'améliora, spécialement par les petits livres publiés depuis *l'Oiseau*.

Pendant seize années, ma femme m'a aidé efficacement, et de trois manières :

1° En revoyant les épreuves et me tenant lieu de secrétaire que j'aurais payé ;

2° En préparant les livres d'histoire naturelle (*l'Oiseau*, *l'Insecte*, *la Mer*, etc.,) en faisant les lectures, extraits, etc., et même en écrivant beaucoup de choses qui y restent textuellement ;

3° En administrant le produit des livres nouveaux, en faisant des placements intelligents de nos économies. Dans la préoccupation des travaux qui m'absorbaient, je me remis à elle entièrement de ces soins, et je m'en trouvai bien.

Elle a créé la fortune.

Une telle conduite, soutenue pendant seize années, me fait désirer qu'elle garde dans la famille une influence légitime. Elle a été toujours très-bienveillante pour les miens, s'est vivement intéressée à l'éducation de mon petit-fils, et elle peut être plus utile encore à l'avenir de mes petites-filles.

Je laisse à ma femme, en toute propriété, ce dont la loi me permet de disposer; le quart de ce que je possède et de ce que ma succession pourra produire lorsque ma propriété littéraire sera vendue ou légalement appréciée.

Cette propriété, minime jusqu'en 1849, s'est créée réellement dans mon second mariage par des livres nouveaux qui se sont vendus dix fois plus que les livres antérieurs.

Pour mes livres d'histoire naturelle, ma femme en a eu l'initiative; je ne les aurais pas faits sans elle certainement, et elle y a collaboré, comme je l'ai dit, en préparant les matériaux, même, en écrivant bien des pages qui n'ont pas été changées.

S'il n'y a pas communauté par notre contrat de mariage, il y a eu collaboration telle que j'aurais pu l'avoir avec un associé qui eût été pour moitié dans le travail et le profit.

D'après cette considération, je crois devoir, en conscience, non pas lui constituer, mais plutôt lui restituer, lui assurer ce qui est vraiment à elle, la moitié de ce qu'auront rapporté jusqu'à ma mort ces livres d'histoire naturelle (*l'Oiseau, l'Insecte, la Mer*).

Cette moitié lui appartient en toute propriété, comme bien personnel et de famille; si elle meurt avant moi, cette moitié passera, à ma mort, à ses frères et à son neveu.

Les registres de MM. Hachette et Raçon permettront d'apprécier légalement cette moitié.

Ma vie intime est partout mêlée à ma vie d'étude. Tous mes papiers, lettres, journaux, appartiennent à ma femme seule, qui, seule, peut les lire, les trier, décider ce qui pourrait être publié; c'est, au total, peu de chose; je ne laisse aucun ouvrage entier, mais des fragments, notes, souvenirs fort courts, etc.

Mes journaux sont réunis dans le secrétaire de mon cabinet; si nous mourions tous les deux, mes exécuteurs testamentaires feraient seuls l'examen de ces journaux et décideraient seuls des choses à publier. Ils contiennent notre vie commune et sont personnels à ma femme autant qu'à moi-même.

Ma femme gardera seule nos meubles meublants, bibliothèque et tableaux; je désire qu'ils restent ensemble.

Le tout a peu de valeur; à sa mort, elle peut donner mon portrait, par Couture, à un Musée avec le sien (celui qui est dans mon cabinet; il est de 1856, du moment où elle fit avec moi le livre de *l'Oiseau*.)

Je désire que ces deux portraits ne soient pas séparés. Je désire que la maison de Vascœuil, sur laquelle j'avais prêté quelques sommes, mais qui appartient à mon gendre, ne soit pas vendue et qu'elle passe à mon petit-fils, Étienne Poullain-Dumesnil.

Je prie mon gendre de marier mes petites-filles sous un régime qui réserve expressément leur fortune et ne livre point aux chances incertaines le peu que nous avons pu leur donner par nos travaux.

Je laisse en viager à mon oncle une pension de sept cents francs, laquelle, après lui, passera à mon gendre en souvenir de notre amitié.

Je remercie d'avance mes exécuteurs testamentaires, du temps et des peines qu'ils voudront bien consacrer au règlement de nos affaires; ma femme avisera à leur donner un témoignage de notre gratitude.

Comme il n'existe presque aucun signe certain de la mort, je désire que la mienne soit constatée par des scarifications profondes. Je veux l'enterrement du pauvre, mais la sépulture près des miens; nulle cérémonie ecclésiastique.

Dieu me donne de revoir les miens. Dieu reçoive mon âme

reconnaissante de tant de biens, de tant d'œuvres, de tant d'amitiés!

Signé, J. MICHELET.

Ce testament n'est nullement mystérieux; mes exécuteurs testamentaires le rendront public, s'ils le croient utile ou convenable.

Signé, J. MICHELET.

F

On voit par ce testament que mon mari, — si *je meurs avec lui*, — ne veut s'en remettre qu'à ses exécuteurs testamentaires seuls, pour faire le triage de ses papiers et décider ce qu'on pourrait en publier.

Cette disposition ne ménage donc pas un legs de faveur à la veuve, c'est tout simplement une mesure de sûreté qu'il entendait prendre pour lui dès 1865, à sept ans de distance du dernier testament.

Combien il avait raison de se défendre!

Son ancien gendre, après avoir affecté de se montrer le serf de la lettre du testament pour reléguer le corps dans un cimetière de campagne, est venu attaquer ce testament sur tous les autres points.

Relativement aux papiers, il a d'abord voulu les avoir tous; puis, il s'est rejeté sur les lettres.

Mon mari avait affirmé qu'il ne laissait aucun manuscrit. M. Dumesnil armé de son titre de tuteur, a exigé qu'on fouillât feuille à feuille les notes mêmes les plus intimes, la correspondance...

Il a exigé que les journaux de mon mari, qu'il déclarait m'être aussi *personnels*, fussent envoyés au greffe et soumis à l'examen du Président du Tribunal de la Seine. Pour faire cet examen, il a fallu briser les sceaux dont mon mari les avait scellés.

Trois jugements successifs ont à peine suffi pour obliger M. Dumesnil à se conformer aux volontés du testateur.

Voici pourtant la forme trompeuse qu'il emploie dans l'inventaire pour adhérer, faire croire, qu'il est allé plutôt au devant, qu'il n'y a pas eu d'action judiciaire.

« Par respect pour la mémoire de M. Michelet et pour la volonté exprimée dans son testament, bien qu'ils considèrent la disposition relative à ses notes et manuscrits, comme nulle à leur égard, les héritiers consentent à ce que ces notes et manuscrits restent entre les mains de madame Michelet.

« Qu'ils font toutes réserves de leurs droits et actions, pour l'usage public qui pourrait être fait par la suite des notes et manuscrits de M. Michelet ainsi remis à madame veuve Michelet, soit par elle, soit par quelque personne que ce soit.

« Enfin, qu'ils protestent contre le travail des exécuteurs testamentaires qui, se faisant juges de la clause du testament (article sept), ont compris à tort dans les papiers à remettre à madame veuve Michelet, née Mialaret, et sans même les classer, les lettres de la famille de la première femme de M. Michelet, lettres purement intimes, auxquelles les petits enfants de cette dernière attachent une grande valeur comme souvenir d'affection. » (Tiré de l'inventaire déposé chez Me Meignen, notaire.)

Ainsi M. Dumesnil se dit plein « de respect » et en même temps, il déclare « nulle » pour lui la clause du testament.

Il accuse les exécuteurs testamentaires « de s'être faits juges » alors qu'ils n'ont agi qu'en vertu d'une ordonnance rendue en référé par M. Aubépin, Président du Tribunal civil de la Seine.

Ce magistrat, pour donner toute satisfaction à M. Dumesnil, leur a même adjoint l'expert que celui-ci désignait : M. Douët d'Arcq, archiviste paléographe.

L'inventaire a donc été fait par ordre de la justice, et comme le voulait M. Dumesnil.

Ces lettres de la famille de la première femme de M. Michelet, auxquelles il affecte de tenir à un si haut degré, n'existent pas.

J'ai fait moi-même, après les experts, un dépouillement religieux de la correspondance jusqu'au jour de notre mariage. Je n'ai trouvé que quelques billets insignifiants de madame Michelet pendant les très-courtes absences de son mari.

Les lettres du fils et de la fille de M. Michelet, très-rares d'ailleurs, n'ont guère trait qu'à des demandes d'argent.

Quand même M. Dumesnil aurait élevé ses enfants dans la religion du souvenir, ils ne pourraient attacher à cela « une grande valeur. »

G

Extrait du contrat de mariage de M. Dumesnil, annoté par M. Michelet; contrat qui l'a décidé à revoir son testament le 1er février 1872 (voir page 43 du mémoire).

1° « *Remarquer cet article*: » Les bénéfices de la communauté seront partagés par moitié entre les futurs époux. En outre, le survivant aura droit, indépendamment de la moitié dans les bénéfices de la communauté, à l'usufruit pendant sa vie de la moitié revenant aux héritiers de l'époux précédé dans les bénéfices de la communauté.

2° « *A comparer avec la lettre de* 1865, *qui redemande instamment pour Étienne la maison de Vascœuil :* »

Conformément à l'article 2140 du Code, les futurs époux sont convenus qu'il ne pourra être pris d'inscription au profit de l'épouse contre le mari que sur la propriété de Vascœuil.

H

Réponse aux réclamations de M. Dumesnil à la recherche de ses 130,000 francs. (Voir le mémoire p. 54).

Nous avons fait progressivement notre fortune de 1856 à 1873. Elle a atteint, avec le produit de l'adjudication des œuvres, le chiffre de *six cent mille francs* environ. (Les livres des libraires en font foi.) Sur ces six cent mille francs, la famille de mon mari a reçu, pendant la durée de notre mariage, *cent soixante-quatre mille francs.*

En charités quotidiennes, fondations, secours, nous avons donné *vingt et un mille francs.* (Mes registres justifient dans le détail l'emploi de cette somme.)

Il devrait rester un capital d'environ *quatre cent mille francs.* C'est, en effet, la somme qui est aujourd'hui dans les mains du notaire des héritiers.

Quelle économie dans nos dépenses cela suppose! Quelle sagesse dans le gouvernement de notre maison, pour que *tout* se retrouve! Car enfin, dans les premières années où se créait ce capital, il nous fallait bien l'attaquer pour vivre. C'est en ne dépensant pas, dans les dernières années, tout notre revenu que la compensation a pu se rétablir.

Sur cette fortune faite par notre travail, les héritiers, qui ne représentent qu'une seule tête, viennent réclamer pour eux seuls les trois quarts, ce qui fait, avec les cent soixante-quatre mille francs que la famille a déjà reçus, un total de *quatre cent soixante-quatre mille francs.*

Sur le peu qu'on me laisse, j'ai dû racheter le mobilier auquel mon mari tenait tant, ainsi qu'une portion de sa bibliothèque.

J'aurai à payer des frais de toutes sortes, par suite des chicanes sans fin que M. Dumesnil fait au testament.

I

Lettre qui confirme le vœu du testament
(voir le mémoire page 62).

Le docteur Charles Robin, apprenant mon retour d'Hyères après la mort de mon mari, m'écrivait la lettre que je donne ici. Elle témoigne à la fois de la pensée réelle de M. Michelet et de la confiance entière qu'il avait dans cet ami de vingt années :

« Chère madame Michelet,

« Je suis heureux d'apprendre votre arrivée à Paris. Je fais des vœux pour que votre santé ne soit pas trop atteinte par tous ces événements dont, lors de ma dernière, je n'aurais pas cru possibles les plus récents. Votre mari, qui prévoyait si bien, ne les avait certainement pas prévus.

« J'ai toujours présent le ton pénétrant avec lequel, en 1872, à son retour d'Italie, il me disait en parlant de vous : « Tant que « la vieillesse seule est venue, je n'ai pas souffert, loin de là ; « elle m'a fait vivre quinze années de plus que je ne l'aurais « cru, et vivre des plus heureux. Aujourd'hui la maladie s'a- « joutant à la vieillesse, j'ai besoin d'elle plus que jamais ; c'est « donc à vous de me faire vivre, et aussi près que possible « de ce que j'étais avant, car c'est la maladie qui me préoc- « cupe plus que la vieillesse, parce que la maladie ou les in- « firmités, par leurs exigences, la tueraient avant moi-même, « tellement elle fait passer tout ce qui me touche avant ce dont « elle peut avoir besoin pour elle.

« J'espère du reste qu'après moi, au milieu de tout ce que « nous avons fait et rassemblé à nous deux, elle pourra vivre

« avec mon souvenir, dans le travail intellectuel et l'activité, « comme lorsque j'étais là[1]. »

« Depuis lors, toutes les fois qu'il me demandait conseil sur son régime ou ses voyages, il m'a toujours rappelé, en faisant allusion à ces paroles, pourquoi il venait me voir. Je vous transmets ce souvenir qui me suit partout, en attendant que je puisse aller vous voir et vous porter l'expression de mes sentiments les plus affectueux et les plus dévoués.

« CH. ROBIN. »

Paris, 7 mars 1874.

J

« Je suis né à Paris, j'y ai vécu, j'y *serai enterré*, s'il *plaît* « *à Dieu*. »

Rien de plus fort, de plus émouvant que cet attachement pour Paris, que ces vifs élans, on pourrait dire, ces vives surprises du cœur dont on n'a pas su se défendre.

Des mots échappés, des lignes, des pages éparses que j'ai trouvées là où je m'y attendais le moins, témoignent du constant retour de son âme aux mêmes pensées.

En outre, M. Michelet a fait au Collége de France un cours tout entier sur Paris. Si ce cours était publié, on verrait que celui qui dit à chaque instant : « Mon Paris! » n'eût pas dû en être séparé, même un seul jour.

[1] C'est en effet un grand travail que la révision de ces 125 liasses ou cartons. Mon mari y jetait ses notes un peu au hasard de chaque jour. Elles étaient là pour attendre l'heure utile qui n'est pas toujours venue. Jamais il n'avait pu se résigner à les revoir dans le seul but d'en faire le classement. Il était trop curieux des choses nouvelles Pour le passé, me disait-il souvent, « je m'en fie à ma seconde âme. »

TABLE

PARIS. — IMP. SIMON RAÇON ET COMP., RUE D'ERFURTH, 1.

www.ingramcontent.com/pod-product-compliance
Ingram Content Group UK Ltd.
Pitfield, Milton Keynes, MK11 3LW, UK
UKHW020927180726
13838UKWH00002B/795